法廷通訳ハンドブック実践編

【ポルトガル語】
（改訂版）

最高裁判所事務総局

はじめに

　法廷通訳については，通訳の対象が法廷という極めて特殊な状況
での会話であるために，通訳一般で必要とされる十分な語学力に加
えて，法廷通訳に求められる特別の心構えや刑事手続の基本的な知
識を身につける必要があります。そして，経験を積む中で，刑事手
続への理解を深め，事実に争いがある否認事件等の複雑な手続や，
控訴審などの通常の第一審と異なる手続の通訳もこなせるようなレ
ベルにまで，能力を向上させていくことが期待されます。このよう
なレベルに達するには，法廷での特殊な用語，法律的な知識など法
廷通訳に特有の事項をよく理解することが必要となります。

　本書は，そのための手助けになるように，平成元年度から順次刊
行した法廷通訳ハンドブックの姉妹編として作成しました。

　本書では，できるだけ実践的な内容とすることを心がけ，第1編
では刑事手続の流れに沿って，通訳人からよく質問される事項をQ
＆Aの形でまとめ，第2編では，控訴審の手続をできるだけ平易に
説明するとともに，第3編及び第4編では，法廷で使用されること
の多いやりとりの具体例や，法律用語などの通訳例をできる限り網
羅的に掲載することを心がけました。

　なお，本書の初版が刊行されてから10年以上が経過しており，
その間，法改正や新法の制定が行われ，刑事裁判に関する様々な制
度（公判前整理手続，即決裁判手続，裁判員の参加する刑事裁判
手続，犯罪被害者等が刑事裁判に参加する制度等）が実施されて
います。

　そこで，今回，これらの法改正等を踏まえて，初版の内容を見直
し，所要の改訂を行いました。

　本書が，初版と同様，広く刑事裁判の通訳に当たる方の一助とな
れば幸いです。

　　　　平成23年3月

　　　　　　　　　　　　　　　　　最高裁判所事務総局刑事局

目　次

第1編

刑事裁判手続における通訳人の留意事項

第1編　刑事裁判手続における通訳人の留意事項

　　ここでは，通訳を必要とする刑事裁判での手続に即して，しばしば問題となる事項又は通訳人が留意すべき事項について説明します。法廷等で使用される用語の訳語については，５５ページの「法廷通訳参考例」又は１２７ページの「法律用語等の対訳」を参照してください。

第1章　一般的注意事項

①Q　法廷通訳は，一般の通訳と比べてどのような特徴がありますか。

A　法廷でのやりとりのうち，証人尋問や被告人質問は，その結果得られた証言や供述が，裁判の証拠として，犯罪事実の認定や刑の量定の基礎になる特に重要なものですから，すべての発言を逐語訳で行う必要があるという特徴があります。例えば，証人が証言内容を発言直後に訂正した場合には，訂正後の内容だけでなく訂正前の内容についてもそのまま通訳してください。

　　法廷での裁判官と検察官，弁護人とのやりとりについては，裁判長が必要な事項を要約することが多いと思われます。通訳すべき範囲を自分で判断するのではなく，裁判長の指示に従って通訳を行ってください。

②Q　通訳人として守らなければならないことは何ですか。

A　良心に従って誠実に通訳をしてください。通訳をするに当たって，そのことを宣誓していただくことになります。また，裁判は，偏りのない公正な手続で行う必要がありますから，通訳人も，通訳するに当たっては，立場上中立公正さを疑われるような行動をとってはいけません。もしも，被告人や証人と知り合いであるなどの事情がある場合には，直ちに裁判所に申し出てください。

　　また，被告人又はその関係者に対しては，自分の氏名，住所，電話番号を教えないようにし，個人的に接触する機会を与えないでください。一緒に飲食をしたり，贈物を受け取るなどの行為は絶対にしないでください。

　　さらに，裁判の過程で知った事件に関する事項については，絶対に他に漏らさないでください。裁判所や検察官，弁護人から事前に送付を受けた書面については，その保管に注意するとともに，他人の目に触れることのないよう注意してください。

③Q　証人や被告人の発言を逐語訳したり，法廷でのやりとりを記憶しておくのは，大変なことだと思いますが，法廷に立ち会う際，どのような準備，工夫をすればよいですか。

　A　法廷に立ち会う際には，自分の記憶だけに頼るのではなく，メモを取っておくことが不可欠です。メモを

取る際には，自分の理解しやすい記号や略語を用いたり，訴訟関係人の発言の順序などについて図式化して記録するなど，適宜工夫をするとよいでしょう。

また，日ごろから，メモ取りをはじめとする様々なトレーニングを行い，通訳スキルの更なる向上を心がけておくことも重要です。

第2章　勾留質問手続

　逮捕された被疑者を引き続き留置しようとする場合，検察官は裁判官に対して勾留請求を行います。裁判官は資料を検討し，被疑事実に関する被疑者の言い分を聞いた上で，勾留するかどうか決めることになります。この言い分を聞く手続が勾留質問です。勾留質問は，裁判所の勾留質問室で行われます。被疑者が日本語を理解できない場合には，通訳人を介してこの手続を行うことになります。

Q　通訳人の人定尋問の際，被疑者に通訳人の氏名や住所を知られることはありませんか。被疑者に氏名住所等を知られたくない場合には，どうしたらよいですか。

A　裁判所では，通訳人の氏名，住所などの個人情報について，慎重に取り扱うよう配慮しています。

　勾留質問手続においては，裁判官は，通訳人の人定尋問の際，あらかじめ人定事項を記載した書面をもとに「このとおりですね。」などと確認する形で人定尋問を行うのが一般的です。

念のため事前に裁判所書記官（以下「書記官」といいます。）に対してそのような希望を申し出てください。

第3章　起訴後第1回公判期日前まで

第1節　起訴

　　刑事裁判は，検察官が裁判所に対して裁判を求めることによって開始されます。これを起訴又は公訴の提起といい，具体的には，検察官が，起訴状を裁判所に提出して行います。起訴状には，被告人の氏名，生年月日，住居など被告人を特定する事項，公訴事実，罪名及び罰条が記載されています。

　　起訴があると，それまで被疑者に対する被疑事件であったものが被告人に対する被告事件となって，裁判所で審理される状態になります。

第2節　起訴状概要の翻訳文の送付

1　趣旨

　　裁判所では，起訴があった場合，起訴状の概要を被告人の理解できる言語に翻訳した上，第1回公判期日前のできるだけ早い時期にその翻訳文を被告人に送付するという取扱いを行っています。これは，日本語を理解しない被告人に早期に起訴状の内容を理解させて，被告人の防御権を実質的に保障するとともに，公判審理の充実を図ろうとするものです。

2　実施の方法

　　起訴状概要の翻訳文を送付する運用を円滑に実施するため，典型的な公訴事実の要旨を翻訳した文例集が作成され，それ

ぞれの地方裁判所に用意されています。

　裁判所は，翻訳文を送付する際には，通訳人予定者等に，日本語で作成した起訴状記載の公訴事実の要旨，罪名及び罰条について翻訳を依頼し，翻訳文を作成してもらっています。その際，先に述べた翻訳文例の翻訳例を参考にしていただくとよいと思います。出来上がった翻訳文は，裁判所から被告人に送付しています。

　1に記載した趣旨から，翻訳文の作成を依頼された場合には，速やかに翻訳文を作成して提出してください。

　なお，この翻訳料は，通訳人に対する通訳料とは別に，翻訳内容に応じて支給されます。

Q　裁判所から翻訳の依頼があった場合に留意する事項は何ですか。

A　書記官から，翻訳言語，提出期限などを示してお願いしますので，特に提出期限に留意してください。また，担当の書記官の氏名を聞いておくと，疑問点が生じた場合に照会するのに便利です。

第3節　法廷通訳の依頼

　要通訳事件では，適格な通訳人を選任することが極めて重要ですが，適格な通訳人であるためには，十分な語学力を有するとともに，中立公正であることが必要です。

　この点，捜査段階で付された通訳人を法廷における通訳人として選任することについては，裁判の公正に対する無

用の疑念を生じさせたり，捜査段階の通訳人の面前では，取調べ時に供述したことに心理的に影響されて，被告人が公判廷で自由に言い分を言えないおそれも考えられることから，法廷通訳には，できる限り捜査段階の通訳人と別の通訳人を選任することが望ましいと考えています。実際にも特段の事情のある場合を除き，別の通訳人を選任する運用がされています。

①Q　裁判所から通訳の依頼があった場合に確認しておく事項は何ですか。

A　①裁判所名，②担当裁判部と書記官の氏名，③内線番号，④通訳言語，⑤事件名，⑥被告人の氏名，⑦公判期日，⑧公判の予定所要時間，⑨弁護人が決まっていればその氏名と連絡先，⑩弁護人の国選，私選の別，⑪公判前整理手続や，即決裁判手続による審理が予定されているか，⑫裁判員の参加する裁判（以下「裁判員裁判」といいます。）であるかどうかなどを確認しておくとよいと思います。また，被告人が複数になると公判時間が長くなるとともに別々の日時に接見に同行することになるため，時間を要することに留意してください。

②Q　捜査段階で通訳した事件について法廷通訳を依頼された場合にはどうしたらよいですか。また，捜査段階で共犯者の通訳を行っている場合はどうですか。

A 裁判所は，捜査段階でどのような通訳人が付いたの
かを知らないのが通常です。したがって，まずその旨
を書記官に伝えてください。そのような場合には基本
的には他の通訳人に依頼することになりますが，他に
適格な通訳人の確保が困難な場合には通訳を再度依頼
することもあります。その場合には御協力をお願いし
ます。なお，共犯者の通訳の場合も基本的には同様で
す。

第4節　公判前整理手続

　　公判前整理手続とは，充実した公判審理を集中的・連日
的に行うことを目的として，裁判所が，検察官及び弁護人
の出席のもとで行う非公開の手続をいいます（事案によっ
ては，検察官及び弁護人が出席せず，書面のやりとりによ
って行うこともあります。）。

　　公判前整理手続は，裁判員対象事件では必ず実施されま
すし，それ以外の事件では，裁判所が，充実した審理を集
中的・連日的に行うために必要であると認めた場合に実施
されます。そこでは，①事件の争点は何なのか，②公判に
おいて，どの証拠を，どういった順序で取り調べるのか，
③公判期日をいつ行い，その期日での具体的な進行はどう
するのかなどといったことが決められます。

　　公判前整理手続においては，被告人は，裁判所が特に出
頭を求めない限り，その期日に出頭する義務はありません。
したがって，被告人が期日への出頭を希望せず，裁判所で

も特に出頭を求めない場合には，被告人不出頭のままで行われます。

①Q　公判前整理手続で通訳を行うことはありますか。

　A　公判前整理手続期日に日本語を理解しない被告人が出頭する場合には，そこで行われた手続について通訳を行うことになります。なお，被告人が出頭しない公判前整理手続期日について通訳を依頼することはありませんが，期日直前になって被告人が出頭することになった場合には，急に通訳を依頼することもありますので，その場合には御協力をお願いします。

②Q　公判前整理手続では，公判審理に比べて，通訳はかなり困難なものになるのではないですか。

　A　従前の公判審理に比べて，難しい手続が行われるわけではありませんが，事案によっては，裁判所と当事者との間で，専門的な法律用語を用いた細かいやりとりがされることもあります。そのような場合，通訳のやり方について，あらかじめ裁判所と相談しておくとよいでしょう。

③Q　公判前整理手続が実施された事件の審理について，通常の事件と異なる点はありますか。

　A　公判前整理手続が実施された事件では，その後の公判期日において，検察官の冒頭陳述の終了後，弁護人

の冒頭陳述（弁護側の主張があるとき）及び公判前整理手続の結果を明らかにする手続（66ページの参考例参照）が行われます。

　また，証拠申請やこれに対する意見の聴取，証拠を取り調べるかどうかなどに関する裁判所の決定は，通常，公判前整理手続で既に行われているため，冒頭陳述や結果顕出の手続が終了した後は，引き続き証拠の取調べが行われます。

第5節　第1回公判期日の指定

　裁判所が公判の期日を指定する際には，あらかじめ通訳人との間で日程の調整を行った上で期日の指定を行っています。

　また，弁護人は，第1回公判期日前（公判前整理手続期日が開かれる場合には，その第1回期日前）に被告人と接見し，日本の刑事裁判手続や起訴状の内容等を説明するとともに，事件について打合せをする必要がありますので，裁判所は，それらに要する日数にも配慮して期日を指定しています。

Q　期日の打合せをする上で留意すべき事項は何ですか。

A　公判後に予定を入れている場合等で時間に制約があるときには，「何時から次の予定が入っていますから，何時までしかできません。」というふうに，具体的に書記官に伝えてください。また，その期日については通訳を

することが可能な場合でも，その期日の直後から旅行に出かけるとか，他の仕事の関係などでしばらく法廷通訳を引き受けられない場合には，「いつからいつまでは引き受けられません。」ということを，事件の依頼があった際にはっきり伝えてください。

第6節　裁判所と通訳人との連絡及び通訳人の事前準備

通訳人として選任されることが決まった場合には，書記官から，第1回公判期日の通知（公判前整理手続期日に被告人が出頭する場合には，その期日の通知）がされるとともに，当該期日に在廷してほしいという依頼があります。また，法廷通訳の準備のために，起訴状写しを郵便等で送付します（公判前整理手続の場合には，当事者から提出された書面が送付される場合もあります。）。裁判所によっては，起訴状写しなどとともに，裁判部(裁判官名)，書記官名，裁判部の電話番号，被告人の勾留場所，裁判所の近辺の地図等の必要事項を記載した事務連絡文書を送付することもあります。

なお，第1回公判期日前には，通訳人の準備のために検察官が作成した冒頭陳述書又は冒頭陳述メモ，書証の朗読（要旨の告知）のためのメモ（結審予定の場合には，さらに検察官作成の論告要旨，弁護人作成の弁論要旨）が交付されるのが一般的です。

①Q　法廷通訳の経験のない通訳人の場合，事前の準備と

してどのようなことが考えられますか。

A　事前に他の事件の法廷傍聴をしておくこと，法廷通
訳ハンドブックを読むなどして勉強しておくこと，刑
事裁判手続を分かりやすく説明した外国人事件用ビデ
オを裁判所で見せてもらうこと，裁判官又は書記官か
ら手続の説明を受ける機会があればそれも活用するこ
となどにより，刑事裁判手続の流れや法律用語などに
ついて勉強しておくのがよいでしょう。また，冒頭陳
述書等をできるだけ早く入手できるように，書記官か
ら検察官や弁護人に伝えてもらうとよいでしょう。さ
らに，法廷に立ち会う際には，メモ取りの準備をして
おくことが不可欠ですし，日ごろから通訳スキルを磨
くための様々なトレーニングをしておくことも重要で
す（第1編第1章③Q＆A（2ページ）参照）。

②Q　通訳の準備のために，検察庁に事件の記録を見に行
くことはできますか。

A　公判前の段階では，事件に関する書類は非公開とさ
れていますから，一般的には見ることはできません。

③Q　どのような書面が事前に通訳人に交付されています
か。

A　事件によって異なりますが，一般的には，冒頭陳述
書又は冒頭陳述メモ，書証の朗読（要旨の告知）のた
めのメモ，論告要旨，弁論要旨が交付されています。

なお，このように通訳人には準備のため訴訟に関する書面が交付されますが，これらの書面は一切他に見せてはいけません。

④Q　事前に交付された書面によく分からない点がある場合にはどうしたらよいですか。

A　書面を作成した検察官，弁護人に確認することが望ましいと思われます。一般的な法律用語の意味の確認程度であれば，とりあえず書記官に確認するということでもよいでしょう。

なお，法廷で提出される前の段階では，このような書面は，裁判所の手元にはないことを承知しておいてください。

第7節　弁護人の接見への同行

外国人被告人の場合，日本の裁判制度に対する知識がほとんどないことが原因で不安に陥ることが少なくありません。弁護人はその職務として，起訴後できるだけ早い時期に被告人と接見し，起訴状の内容を説明して言い分を聴くとともに，日本の裁判制度等についても十分に説明することが求められています。

そこで，国選弁護事件においては，裁判所では弁護人に対して，あらかじめ通訳人予定者の氏名，電話番号等を通知し，弁護人が希望すれば通訳人予定者を接見に同行できるように配慮することにしています。

また，一定の事件については，起訴される前の段階で，被疑者の請求により国選弁護人が選任されることがあります。この場合には，国選弁護人や国選弁護人の候補者の指名等に関する業務を行う日本司法支援センター（法テラス）から，接見への同行を依頼されることがあります。

　したがって，裁判所や国選弁護人等からそのような依頼があれば，御協力をお願いします。

　なお，国選弁護事件において，弁護人の接見に通訳人が同行した場合には，弁護人から報酬や費用の支払を受けることができます。

---

①Q　弁護人の接見に同席した場合に留意すべき事項は何ですか。

　A　被告人から尋ねられても，絶対に自己の氏名や連絡先を教えてはいけません。被告人から理由を尋ねられた場合には，「教えてはいけないことになっています。」と答えてください。

　　　また，弁護人にも通訳人の氏名等を被告人に対して紹介することのないよう話をしておくとよいでしょう。

　　　さらに，接見の際に，被告人の話し方の癖等を把握しておくと，法廷通訳をする際に役立ちます。

---

②Q　接見の通訳をした際に，アクセントが強かったり，方言が交じっていたりして被告人の話す言葉が分かりづらかったり，逆に被告人が通訳人の通訳内容を理解

していないと思われた場合には，どうしたらよいです
か。

A　弁護人にその旨を告げるとともに，書記官にもその
ことを伝えてください。コミュニケーションがどの程
度取れているのか，取りにくい原因は何かなどを考慮
して，裁判官が，被告人にゆっくりあるいは繰り返し
話すように促すことでまかなえるかどうか，又は通訳
人の交替をしてもらうかなどの措置を検討することに
なります。

③Q　被告人が他の言語の通訳を希望している場合にはど
うしたらよいですか。

A　被告人の希望を書記官に伝えてください。同時に，
そのままの言語でも意思疎通が可能である場合にはそ
のことを伝えるとともに，その程度などについても伝
えてください。

④Q　被告人から，裁判の見通しについて尋ねられた場合
にはどうすればよいですか。

A　「通訳人はそのような質問に答えてはいけないこと
になっています。弁護人に相談してください。」と答
えるべきです。勝手に見通しを告げることはしないで
ください。

⑤Q　被告人から，家族に手紙を渡してほしいとか，差し

入れをするように家族に頼んでほしいというようなことを頼まれた場合にはどうしたらよいですか。

A 「通訳人はそのようなことをしてはいけないことになっています。弁護人に相談してください。」と答えるべきです。

⑥Q 弁護人から，被告人に差し入れをするよう被告人の家族に頼んでほしいと依頼された場合にはどうしたらよいでしょうか。

A 自分で依頼の適否について判断するのではなく，「裁判所に確認を取ってからでないとできませんので，裁判所に依頼の趣旨を伝え，確認を取ってください。」と言ってください。

⑦Q 被疑者段階での接見に同行した場合と，起訴後の接見に同行した場合とで，留意すべき点に違いはありますか。

A 基本的には，どちらの接見においても留意点に違いはありません。

　ただし，被疑者段階では，事件はまだ裁判所において審理すべき状態にあるわけではないので，裁判官や書記官から具体的な指示を受けることはできません。

　疑問点が生じた場合には，適宜弁護人に相談して，その指示を受けてください。

⑧Q 接見に同行した後に留意すべき事項がありますか。

A　被疑者や被告人には，接見交通権といって，立会人なくして弁護人と接見する権利が認められています。

　　そして，通訳人は特別に接見に同行することを許されているのですから，接見の際に交わされた被疑者又は被告人と弁護人とのやりとりを外部に漏らすようなことは，絶対に慎んでください。

　　このことは，裁判官や書記官に対してであっても同じです。

第4章　公判手続

第1節　法廷通訳一般

①Q　通訳をする際には，直接話法（・・・です。）の形で通訳をすべきでしょうか，間接話法（・・・だそうです。）の形で通訳をすべきでしょうか。

A　話者が話した内容で通訳すべきですから，直接話法の形で通訳してください。

②Q　被告人等が発言しない場合には，通訳人から発言するように促すべきでしょうか。

A　通訳人は法廷で自ら発言することは原則的にないと心得ておいてください。特に被告人には，黙秘権がありますから，勝手に発言を促すようなことをしてはいけません。

③Q　連続して行う通訳時間について希望がある場合にはどうしたらよいですか。また，通訳中に休憩を取りたい場合にはどうしたらよいですか。

　A　通訳人の方からは，１時間半から２時間くらいで休憩を入れてほしいという意見が多いようです。経験が少ない通訳人の場合には，もっと短い時間で休憩が必要になることも考えられます。要望があれば，事前に書記官に伝えておいてください。また，疲労が激しい場合などには，開廷中であっても書記官にそのことを告げて裁判官に伝えてもらうとよいでしょう。

④Q　被告人から不信感を持たれているなどの問題があると感じた場合には，どうしたらよいですか。

　A　信頼関係に問題があると感じる場合には，書記官にそのことを伝えてください。不信感の背景には，例えば被告人が日本の裁判制度を誤解していることが原因になっていることもあります。その場合には，裁判官や弁護人から被告人に対し，日本の裁判制度について説明することになります。

⑤Q　法制度，習慣，文化の異なる被告人の通訳を行うに当たって，配慮すべき事項がありますか。

　A　法制度や歴史的背景の違い等から，被告人が通訳人に対し敵対心を持つことや，逆に被告人の言おう

とする本当の意味が分からないことがあると思われます。したがって，法廷通訳を行うに当たっては，語学的な面だけでなく，その国の文化や法制度等を理解するよう日ごろから努めてください。

⑥Q　被告人の陳述について，配慮すべきことがありますか。特に罪状認否についてはどうですか。

　A　裁判所も留意していますが，被告人によっては，陳述の際，一度にたくさん話し出すことがありますので，法廷に入ったらすぐにメモの準備をしておくことなどが必要です。

　　特に罪状認否は重要な手続ですので，慎重に通訳をする必要があります。被告人がうなずいた場合にも安易に「はい。」と通訳をするようなことは避けてください。

⑦Q　被告人が，弁護人の接見の際と異なることを述べた場合にはどうすればよいですか。

　A　証拠となるのは，公判廷での発言ですから，接見の際の内容にかかわらず忠実に通訳すべきです。この場合には，接見の際の被告人の発言に影響されるようなことがあってはいけません。

⑧Q　書面を事前に交付された場合には，どのようなことに留意したらよいですか。

A 分からない法律用語，読めない地名，人名等がある場合には早めに尋ねておく必要があります。書証の要旨の告知のために証拠等関係カードが交付されている場合には，略語表（185ページ参照）で書証の表題を確認しておくとよいでしょう。

　　ただ，事件の進行によっては，事前に交付された書面の内容が変更されることがありますので，柔軟に対応する必要があります。

第2節　開廷前の準備

　開廷前には，裁判官又は書記官と通訳人との間で，その期日に予定された手続を確認するとともに，必要な書類や送付した書類等が手元に届いているかどうか確認することもあります。この際に書類の中に分からない用語がある場合には，説明を求めるとよいでしょう。

　なお，通訳人には守秘義務がありますから，これらの書類の取扱いには細心の注意を払ってください。

①Q　開廷前に準備しておく必要のあるものは何ですか。
A　早めに書記官室へ行って（直接法廷に行くように言われる場合もあります。），宣誓書の署名，出頭カードの記載，報酬関係の書類への記載をする必要があります。印鑑を持っている方は，このときに使いますので，印鑑を持参してください。

②Q　開廷前の時間はどのように過ごすとよいでしょうか。

　　A　早めに法廷に行って，自分の座る位置を確認し，メモや起訴状等の書面を通訳する順序に重ねておくなどの準備をしておくと落ち着いて通訳できるでしょう。

　　　　なお，開廷前に勝手に被告人や被告人の関係者と話をしないようにしてください。

第3節　公判廷での手続

1　通訳人の宣誓等

　まず，裁判官が，通訳人が本人であるか否かを確認する手続（人定尋問）を行います。

　続いて，宣誓していただきます。宣誓書を手に持って，声を出して読んでください。宣誓する場所については，裁判官の指示に従ってください。

Q　通訳人の宣誓の際に氏名住所等を言いたくない場合にはどうすればよいですか。

A　勾留質問の際と同様，あらかじめ人定事項を記載した書面をもとに，裁判官が「このカードに記載されているとおりですね。」と尋ねるのが一般的です。

　　念のため，事前に書記官にその旨を伝えておいてください。

2　被告人に対する宣誓手続等についての説明

　裁判官の指示に従って，被告人に対し，自分がこの裁判に

おいて裁判所から通訳を命じられたこと，そして誠実に通訳することを宣誓した旨を告げてください。

　なお，これ以降は，着席のまま通訳していただいて差し支えありません。

3　被告人の人定質問

　裁判官は，被告人に対して，証言台の前に進み出るよう命じ，氏名，生年月日，国籍，日本における住居及び職業を尋ねます。

4　起訴状朗読

　検察官が起訴状記載の公訴事実，罪名及び罰条を朗読します。

　なお，性犯罪等の事件については，起訴状に記載されている被害者の氏名や住所などの被害者を特定させる事項を法廷において明らかにしない旨の決定（以下「被害者特定事項の秘匿決定」といいます。）がされることがあります。この場合には，起訴状に記載されている被害者の氏名や住所等は明らかにされず，「被害者に対し」であるとか，「〇〇市内の被害者方において」などと朗読されます。

---

①Q　起訴状につき，外国語に的確な訳語がない場合はどのようにすればよいですか。

　A　起訴状朗読では，起訴状に記載されている内容を忠実に通訳する必要がありますが，中にはぴったりと当てはまる訳語がない場合もあります。そのような場合には，説明を付加して訳さざるを得ないことになります。用語

の意味内容について不安がある場合には，事前に書記官
に相談してください。

②Q　被害者特定事項の秘匿決定がされた場合には，検察官
が朗読したとおりに通訳すべきですか。それとも，起訴
状に記載されている内容のとおり通訳すべきですか。
　A　必ず検察官が朗読したとおりに通訳してください。被
告人には，起訴状朗読後に起訴状及び起訴状概要の翻訳
文が示されますので，朗読されなかった部分を通訳する
必要はありません。

5　黙秘権の告知

裁判官が被告人に対し，黙秘権を告知します。

6　事件に対する被告人の陳述

裁判官が被告人に対し，公訴事実についての認否を尋ねま
す。

7　弁護人の意見

裁判官が，公訴事実について，弁護人に意見を求めます。
これが終わると，被告人は，裁判官の指示で着席します。

8　ワイヤレス通訳システムの利用

ワイヤレス通訳システムとは，送信機を装着した通訳人が
小声で通訳を行い，それを受信機のイヤホンを通じて被告人
に伝える装置です。公判廷における日本語での発言のうち，
事前に通訳人に書面が交付された手続部分について，日本語
での発言に並行して，あらかじめ準備した通訳内容を伝える

形で同時進行的な通訳ができるようにするものです。したがって,このシステムはいわゆる同時通訳とは異なるものです。

　これにより,手続を中断することなく,被告人に通訳内容を伝えることができることになるため,審理時間の短縮,ひいては通訳人の負担の軽減を図ることができるとともに,短縮された時間を証人尋問や被告人質問に充てて審理の充実を図ることができます。

　このシステムは,法廷では次のように運用されています。

(1)　通訳人が送信機を,被告人が受信機を,それぞれ使用する。

(2)　冒頭陳述,書証の要旨の告知,論告,弁論などのように,検察官又は弁護人があらかじめ準備し,通訳人に交付してあった書面を法廷においてそのまま朗読する手続に使用し,起訴状朗読,証人尋問,被告人質問及び判決宣告には使用しない。

---

　①Q　ワイヤレス通訳システムを利用する場合に,通訳人として留意すべき事項は何ですか。

　　A　まず,事前に交付された書面の内容を通訳できるように十分に準備をしておく必要があります。

　　　また,被告人がワイヤレス通訳システムの使用を拒んでいるときは,その旨裁判所に伝えてください。

　　　当該機器はささやくような声で話をしても被告人に聞こえるようになっています。できる限り声を落として通訳してください。

②Q　ワイヤレス通訳システムを使用する際には，検察官
　　　や弁護人が書面を読む速度に合わせて該当部分を通訳
　　　すべきですか。

　A　書面の内容を通訳するわけですから，検察官や弁護
　　　人が書面を読む速度に合わせる必要はありません。む
　　　しろ，被告人に書面の内容を理解させる速度で通訳を
　　　することが重要です。

9　証拠調べ手続

(1)　冒頭陳述

　「この裁判で検察官が証拠により証明しようとする事実
は，以下のとおりである。」などと告げた後，検察官が冒
頭陳述を行います。

　なお，公判前整理手続が実施された場合で，弁護側の主
張があるときには，検察官の冒頭陳述の後に弁護人の冒頭
陳述が行われ，引き続き公判前整理手続の結果を明らかに
する手続が行われます（６６ページの参考例参照）。この
場合，証拠申請等に関する以下の(2)から(4)の手続は，通常，
公判前整理手続の中で既に行われているため，この後は(5)
の証拠の取調べが行われることになります。

　Q　冒頭陳述は一括して通訳するのでしょうか，それとも
　　　一文ごとに区切って通訳するのでしょうか。

　A　一括して通訳する場合が多いと思われますが，書面が
　　　事前に交付されていないような場合には，一文ごとに通

訳をすることもあります。

(2)　検察官からの証拠申請

　　通常，冒頭陳述に引き続いて検察官が「以上の事実を立
　証するため証拠等関係カード記載の証拠を申請します。」
　などと述べます。

(3)　検察官の証拠申請に対する弁護人の意見

　　検察官の証拠申請に対して，弁護人が同意，不同意など
　の意見を述べます。同意，不同意という言葉は通常の日本
　語の意味とは異なる意味を持つものですから，その意味を
　しっかりと理解しておく必要があります。

　　また，この際に具体的な事実を示して，信用性がないと
　か，違法収集証拠であるというような主張がされることも
　ありますので，メモを取る準備をしておく必要があります。

(4)　裁判所の証拠採否（証拠を採用するか却下するか）の決
　定

　　弁護人の同意がない限り，原則として証拠書類について
　は，証拠調べをすることはできません。裁判所は，弁護人
　が同意した証拠書類について，必要性や相当性を判断した
　上，証拠として取り調べることを決定します。弁護人が不
　同意とした証拠については，それに代えて，証人尋問の請
　求がされることもあります。

(5)　採用された証拠の取調べ

　ア　証拠書類の内容の要旨の告知（又は朗読）

　　　交付された証拠等関係カードのうち採用された証拠書

類については，検察官が要旨を告知（又は朗読）するので，その順に，その内容を通訳してください。

 イ 証拠物の展示

  証拠物の取調べは，検察官が採用された証拠物を法廷で示すことによって行いますが，このとき被告人に対する質問をする場合があります。すなわち，被告人が，裁判官の指示により証言台に進み出た後，検察官は被告人に対し，「検察官請求証拠番号○○番の・・・・を示す。」と述べ，「あなたは，この・・・・に見覚えがありますか。これはあなたの物ですか。」などと質問します。

(6) 証人尋問

 ア 証人の宣誓及び虚偽の証言に対する注意

  証人が宣誓した後，裁判官から証人に対して，虚偽の証言をすると偽証罪で処罰される旨の告知があります。

 イ 通訳の方法

  (ア) 外国語を使用する証人の場合

   a 被告人と同じ言語の場合

    日本語の尋問→通訳→証人の供述→通訳の順に行います。

   b 被告人と異なる言語の場合（次の2通りがあります。）

    (a) 日本語の尋問→証人に対する尋問の通訳→被告人のための尋問の通訳→証人の供述→日本語への通訳→被告人のための供述の通訳の順に行う方法

(b)　日本語の尋問→証人に対する尋問の通訳→証人
　　の供述→日本語への通訳→被告人のための尋問と
　　供述の通訳の順に行う方法
　　　(a)の方法が原則ですが，この方法では，通訳の
　　間に，証人が質問の内容を忘れてしまうことなど
　　もありますので，これに代えて，(b)の方法を採る
　　こともあります。
(イ)　日本語を使用する証人の場合（次の2通りがありま
　す。）
　a　日本語の尋問→通訳→証人の供述→通訳の順に行
　　う方法
　b　日本語の尋問→証人の供述→尋問と供述の通訳を
　　行う方法
　　　aの方法が原則ですが，前記(ア)bと同じ理由でb
　　の方法を採ることも多いようです。
　　　なお，情状証人の場合には，ある程度尋問と供述
　　を続けた後，裁判官が通訳人に供述の要旨を告知し，
　　まとめて通訳してもらうこともあります。
ウ　証人の不安や緊張等を緩和するための措置
　　犯罪によって被害を受けた方等が証人として証言する
　場合，不安や緊張を緩和するため，次のような措置をと
　ることが認められています。
(ア)　証言をする際，家族等に付き添ってもらうことがで
　　きます（付添い）。
(イ)　証人と被告人や傍聴席との間につい立てなどを置

き，被告人や傍聴席の視線を気にせず証言することが
できます（遮へい）。

㈠　事件によっては，法廷とテレビ回線で結ばれた別室
で証言することもできます（ビデオリンク）。

　なお，遮へいの措置をとった際に，被告人の様子が見
えにくく，通訳をするに当たって支障がある場合には，
裁判官に申し出てください。被告人の着席位置を変更し
たり，つい立ての位置を調整するなど，裁判官が適宜判
断し，対処することになります。

---

①Q　質問とそれに対する答えがちぐはぐになった場合
には，答えをそのまま訳すべきですか，それとも，
もう一度聞き直すべきですか。

　A　ちぐはぐのまま通訳してください。気になるよう
なら裁判官に，「かみ合っていませんけれども通訳
としてはそのまま伝えます。」と告げるとよいでし
ょう。

---

②Q　質問の意味が不明瞭であったり，同音異義語でど
ちらの意味かはっきりしないような場合にはどうす
ればよいのですか。

　A　裁判官の許可を得て確認すべきです。

---

③Q　証人の発言等について，重要でないと思われる部
分については通訳を省略してよいですか。

A 省略してはいけません。できる限り忠実に通訳し
てください。一部を省略したり内容をまとめたりす
ることはしないでください。

④Q 証人尋問の通訳を行う際には，どのような態度で
行えばよいですか。

A 証人に対して中立な立場で接し，その証言等に対
して，仮に不信や同情等を感じても，表情に出さな
いようにしてください。

⑤Q 証人があいまいな返事をしたり，証言をしている
途中で，言い直しをした場合には，どのように通訳
すべきですか。

A そのまま通訳をすべきです。内容を明確にさせる
ためや供述の矛盾を整理するため聞き直して供述を
引き出したり，通訳人が勝手に解釈して断定的な通
訳をしてはいけません。

⑥Q 証人の答えが長すぎて通訳しにくい場合には，ど
うしたらよいですか。

A 手を上げるなどして，裁判官に答えが長すぎて通
訳しにくいことを伝えてください。そうすれば，裁
判官が答えを一文ずつ区切って通訳するように指示
したり，尋問者に対して問いを工夫してもらうよう
指示するなど，適宜判断し，対応してくれます。

⑦Q　証言の内容が高度に専門的，技術的であるなどの
　　理由により，そのまま通訳をすることに無理がある
　　と感じた場合には，どうしたらよいですか。

　A　直ちにそのことを裁判官に告げてください。分か
　　る部分だけを通訳するようなことは，しないでくだ
　　さい。
　　　可能であれば平易な内容に証言をし直してもらう
　　などの措置を採ることになります。

⑧Q　証人との間で，アクセントや方言のためにコミュ
　　ニケーションが取りづらいときには，どうしたらよ
　　いですか。

　A　直ちにそのことを裁判官に告げて，指示を待って
　　ください。程度にもよりますが，ゆっくり証言させ
　　たり，繰り返し証言することにより手当てができる
　　のであれば，そのような方法を採ることになります。

⑨Q　通訳をする際には，発言者の表現を忠実に再現す
　　るべきですか。

　A　発言者と同じ表現を使ってください。例えば丁寧
　　語を用いるなどして表現方法を改めるようなことは
　　しないでください。

⑩Q　証言の途中で，例えば大きさや高さや量を示すた
　　めに，証人が身振り手振りをした場合には，身振り

手振りも含めて通訳すべきですか。

A　言葉だけを通訳すればよく，身振り等を繰り返す必要はありません。

⑪Q　答えが聞き取れないなどの理由により，答えを繰り返してほしいと思ったときはどうすべきですか。

A　裁判官に，「聞き取れませんでしたので，証人に答えを繰り返すように頼んでもいいですか。」と断ってから頼んでください。

⑫Q　尋問に対して異議が出された場合には，どのようにしたらよいですか。

A　異議に対する意見，判断などの一連のやりとりを逐一通訳するのか，あるいは，やりとりが終わった後に裁判官が通訳すべき範囲をまとめて，それに従って通訳するのかなど，裁判官の指示に従って対応してください。ただ，一連のやりとりは，メモに取っておくとよいでしょう。

⑬Q　証言中の語句，言い回し等を理解できない場合や，通訳できない場合にはどうしたらよいですか。

A　証言の繰り返しや別の言葉での表現を頼んでよいかについて裁判官の許可を得てください。

⑭Q　証人等が人数や性別がはっきりしない代名詞を使った場合には，どうしたらよいですか。

A そのために完全な通訳ができないことを裁判官に
告げて，その部分をはっきりさせるように質問して
よいかどうかの許可を得てください。

⑮Q 質問者が名前や数字を間違って質問している場合
でもそのまま通訳すべきですか。

A そのまま通訳すべきです。誤りの指摘や訂正につ
いても裁判官や検察官，弁護人に任せてください。
ただ，明らかに誤解に基づく場合で，だれも気が
付いていないと思われるときには，その旨を裁判官
に指摘してください。

⑯Q 通訳に関し，正確性について疑問がある旨の指摘
を受けた場合にはどうしたらよいですか。

A 裁判官の指示を待ってください。裁判官の許可が
あるまで，正確性について自分の意見を述べるのは
差し控えてください。通常，裁判官は，問題とされ
た供述等を引き出す発問からやり直してもらい，あ
るいは発問の仕方を変えて平易な表現でその点を聞
き直させることにより処理する場合が多いと思われ
ます。

⑰Q 質問や発言の中に寸法や重量，外国通貨の量が含
まれている場合には，日本のそれらのものに換算す
べきですか。

A　自分で換算する必要はありません。換算は，基本的には裁判官，検察官又は弁護人が行います。

　暦についても一度そのまま通訳してください。その後，換算に関するやりとりがあった場合にはそれを通訳し，また，裁判官から西暦等に換算した上で通訳するように指示された場合には，それに従ってください。

⑱Q　図面を利用した尋問等の場合に，留意する事項は何ですか。

A　被告人が「ここ。」とか「あそこ。」と発言した場合でもそのとおり通訳する必要があります。また，複雑な尋問の場合には，書記官に頼んで図面の写しを準備してもらうとよいでしょう。

⑲Q　仲間うちでだけ用いられる特殊な用語が使用された場合には，通常の言葉に直して通訳すべきですか。

A　そのまま通訳する必要があります。そして，必要があれば裁判官等が続けて質問しますので，それを待つべきです。

⑳Q　鑑定証人の尋問の場合に留意すべき事項は何ですか。

A　難しい専門用語を通訳する必要がありますので，あらかじめ尋問の際に使用すると思われる用語につ

いては調べておく必要があります。また，尋問の中に理解できない言葉がある場合には，遠慮なく申し出てください。専門用語を調べる時間が必要な場合には，その旨申し出てもよいでしょう。

10　被告人質問

被告人は，宣誓することはありません。なお，通訳は，日本語の質問→通訳→被告人の供述→通訳の順序で行うのが一般的です。

①Q　被告人が質問の内容を理解していないと思われる場合にはどうしたらよいですか。

A　通訳人の判断で被告人に説明したりせず，よく理解できていないということを裁判官に告げてください。

②Q　被告人が個人的に話しかけてきた場合にはどうすべきですか。

A　会話に応じないで，身振りなどで，会話はできないことを示してください。実際に話しかけられた場合は，その内容を裁判官に伝えてください。

11　論告

検察官の事件に関する最終的な意見が述べられます。検察官から事前に「論告要旨」と題する書面（ただし，求刑部分を空欄としたもの）が交付されるのが一般的です。書面が交

付されている場合には，検察官の意見陳述後に，この書面に基づいて通訳してください。また，この場合には，ワイヤレス通訳システムを利用することが多いと思われます。

　なお，被告人が求刑の意味を理解していない場合には，裁判官が補足説明をすることがあり，その場合には，それを通訳することになります。

Q　論告の際に留意する事項は何ですか。
A　求刑は，あくまでも検察官の意見ですが，判決を宣告されたと誤解する被告人も多いです。通訳人の方もこの点についてはよく理解しておいてください。

　なお，論告要旨が事前に交付される場合でも，求刑のところは空欄になっている場合がほとんどです。したがって，求刑についてはその場で検察官が述べた内容を正確に聞き取り，通訳するようにしてください。聞き漏らした場合には，検察官に確認してください。

12　弁護人による弁論

　弁護人の事件に関する最終的な意見が述べられます。弁護人からあらかじめ「弁論要旨」又は「弁論メモ」と題する書面が通訳人に交付され，通訳はこれに基づいて行うのが一般的です。弁論要旨等を事前に交付してある場合には，ワイヤレス通訳システムを使用することが多いと思われます。

　弁護人が，弁論要旨等を事前に準備していないときは，弁護人は通訳できるよう適当な範囲で区切って弁論し，通訳人

は順次通訳する運用になることが多いと思われます。

Q　ワイヤレス通訳システムを使用する論告・弁論の手続で，検察官が被告人の弁解内容に対応して，事前に交付した論告要旨の書面の内容を一部訂正，追加したり，弁護人が論告の内容に対応して弁論要旨の内容を同様に変更した場合にはどうしたらよいですか。

A　検察官又は弁護人が訂正，追加した部分を通訳人に指摘しますので，それに基づいて通訳することになります。

13　被告人の最終陳述

裁判官が，被告人に対し，「これで審理を終えますが，最後に何か言いたいことがありますか。」などと尋ねます。被告人は，証言台に進み出て陳述する場合がありますので，その内容を通訳してください。

14　次回期日の指定

裁判官が次回期日を指定しますので，その期日と，次回期日に何を行うかについて，裁判官の説明したことを通訳してください。被告人の最終陳述が終わっていれば，次回期日には判決が言い渡されることになります。

続行期日，判決宣告期日を指定する際には，通訳人と調整して期日を指定することになります。特に，継続して開廷する場合には，通訳人との関係で期日を一括指定することもありますから，自分の都合を何か月か先まで正確に把握しておく必要があります。

15　判決宣告の手続

　判決宣告の手続については，法廷通訳参考例（８４ペー
ジ）を参考にしてください。

　判決書の内容は事前に外部に漏れると困りますので，当日
までは見ることができません。ただ，判決を正確に通訳でき
るようにするため，通訳人用の判決要旨，判決写しを作成し，
裁判所によっては，これを判決宣告期日の開廷１０分ないし
３０分くらい前に通訳人に交付し，事前に目を通してもらう
といった運用もされています。この場合に，判決要旨等を交
付した後は書記官室から出ないようにしてもらっているよう
です。裁判所がどのような方法を採っているのかを確認する
とよいでしょう。また，判決の要旨等がないと通訳に不安が
ある場合には，あらかじめ書記官にその旨を申し出るとよい
でしょう。

　いずれにしても，判決宣告期日には少し余裕をもって裁判
所に行くとよいでしょう。

　なお，判決宣告手続にはワイヤレス通訳システムは使用し
ない取扱いです。

①Q　判決宣告期日の公判に要する時間は，どれくらいを予
　　定しておけばよいですか。
　A　事件によって異なりますので，裁判官にどの程度時間
　　を取っておけばよいか確認してください。
　　　一般的には，被告人が否認している事件は，自白事件
　　よりも時間を要することになります。

さらに，判決宣告期日に弁論を再開して証拠調べ等を行うこともありますので，注意してください。

②Q　執行猶予の説明を通訳する際に留意すべき事項は何ですか。

A　執行猶予の説明は，被告人には分かりにくい面がありますので，裁判官もできるだけ分かりやすい説明をするように心掛けています（86ページの参考例参照）。それでも被告人が理解していないと思われる場合には，裁判官にそのことを告げてください。

③Q　未決勾留日数の刑への算入の説明を通訳する際に留意すべき事項は何ですか。

A　未決勾留日数の刑への算入の説明も被告人には分かりにくいようですので，裁判官は分かりやすい説明を心掛けています（86ページの参考例参照）。通訳人においても書記官に尋ねるなどして内容をよく理解しておいてください。

16　上訴期間等の告知

有罪の判決の場合には，裁判官は被告人に対して上訴期間及び上訴申立書を差し出すべき裁判所を告知します。

17　即決裁判手続

即決裁判手続とは，争いのない明白軽微な一定の事件について，検察官からの申立てにより，裁判所が決定に基づいて

行う手続です。この手続には，①起訴されてから公判期日までの期間が短いこと（できる限り，起訴後１４日以内の日に公判期日を指定することとされています。），②一般の公判手続と比べ，簡略な方法で証拠調べが行われること，③原則として，即日判決が言い渡され，その判決において懲役又は禁錮の言渡しをする場合には，必ずその刑の執行が猶予されることなどの特徴があります。

Q　即決裁判手続において留意すべき事項は何ですか。

A　通常の事件と比べ，起訴されてから公判期日までの期間が短いことから，事案によっては，通訳の依頼が期日の直近になることがあります。その場合には，御協力をお願いします。

　　また，公判期日において交わされるやりとりについて，通常の手続とは一部異なる部分があります（７６ページの参考例参照）。このほか，原則として即日判決が言い渡されるため，判決宣告の通訳の準備をどうするのかを含め，あらかじめ書記官等に手続の流れを確認しておくとよいと思われます。

第４節　裁判員裁判

　　裁判員裁判においては，一般の国民の中から選ばれた裁判員が裁判官とともに審理に参加することから，その審理は集中的・連日的に行われます。これを可能とするために，すべての事件において必ず公判前整理手続が実施され，こ

の中で事前に争点や証拠の整理等が行われます。

　また，法廷での審理内容を裁判員にも分かりやすいものにするため，法廷内で使用される法律用語は，一般の人にも分かるような言葉に言い換えられたり，冒頭陳述等においてプレゼンテーションソフトが積極的に活用されたりしています。さらに，証拠調べにおいても，供述調書等は全文朗読又は限りなくこれに近い要旨の告知の方法によって取り調べられているほか，証人に法廷で直接証言してもらうことも増えています。なお，プレゼンテーションソフトを用いる場合には，示された文書や画像などの内容をスムーズに通訳することができるように，事前に裁判所や訴訟関係人と打合せをしておくとよいでしょう。

---

①Q　連日的開廷が行われる場合，通訳人の負担はかなり重くなるのではないでしょうか。

　A　裁判員裁判における尋問は，従来よりも争点に即した，簡にして要を得たものとなりますし，また，裁判員の疲労や負担にも配慮して，これまでよりも頻繁に，相応の時間の休憩が取られることになります。したがって，一概に通訳人の負担が重くなるということはありません。

---

②Q　裁判員裁判を担当するにあたり，事前に裁判所と打合せをしておく必要はありますか。

　A　連日的開廷により，肉体的，精神的疲労が蓄積して

一人で通訳をすることが困難と予想される場合や，日程の都合がつかず，一部の期日に出頭できない場合などには，事前に裁判所に申し出てください。審理中の休憩の取り方や，場合によっては，通訳人を複数選任することなどについて，裁判所が，通訳人の意向も考慮しつつ，個別に判断させていただくことになります。

③Q　公判期日までの準備事項で，これまでと異なる点はありますか。

A　裁判員裁判では，供述証拠等は全文朗読又は限りなくこれに近い要旨の告知の方法によって取り調べられることになります。その通訳の準備のため，あらかじめ訴訟関係人から通訳人に資料が交付されることがありますので，それを基に準備しておくとよいでしょう。受け取った書類については，絶対に他人の目に触れることのないよう細心の注意を払うようにしてください。

第5節　被害者参加

　　殺人，傷害，自動車運転過失致死傷等の一定の刑事事件の被害者や遺族の方等が，裁判所の許可を得て，被害者参加人として刑事裁判に参加し，検察官との間で密接なコミュニケーションを保ちつつ，一定の要件の下で，公判期日に出席するとともに，証人尋問，被告人質問及び事実又は法律の適用についての意見の陳述を行うことができる制度

です。

　なお，被害者参加人が日本語に通じない場合にも，通訳をお願いすることになります。

---

①Q　被害者参加人が発言するのは，具体的にはどのような場面ですか。

　A　情状に関する証人の供述の証明力を争うために必要な事項について証人を尋問する場面，被害者参加人が意見を述べるため必要と認められる場合に被告人に質問をする場面，事実又は法律の適用について意見を述べる場面などがあげられます。なお，被害者参加人が出席する際にも，付添い，遮へいの措置が認められています（２７ページ９(6)証人尋問ウ(ｱ)(ｲ)参照）。

---

②Q　被害者参加人が意見陳述を行う場合，どのように通訳をすればよいですか。

　A　一文ずつ区切って通訳を行うか，陳述後にまとめて通訳を行うかなど，通訳の方法については，あらかじめ裁判所と相談しておくとよいでしょう。なお，意見陳述が長くなる場合には，被害者参加人が事前に準備していた読み上げ書面に基づいて通訳をしていただく場合もあります。

---

③Q　被告人から，どうして被害者等が法廷に立ち会っているのかと尋ねられた場合，どのように対応すればい

いですか。

A　そのような場合には，通訳人の判断で被告人に説明
したりせず，裁判官に対してその旨を伝え，指示に従
ってください。

第5章　その他の留意事項

①Q　判決宣告直後に，弁護人から，被告人に判決の内容
やその後の手続について説明をするための通訳を依頼
された場合はどうしたらよいですか。

A　そのような説明が必要となる場合もありますので，
依頼された場合にはよろしくお願いします。

②Q　弁護人以外の者から，被告人と接見等をする際の通
訳を依頼された場合にはどうしたらよいですか。

A　公正さに疑いを持たれる行為ですから，断ってくだ
さい。

③Q　弁護人から上申書等の翻訳を依頼された場合にはど
うしたらよいですか。また，その場合の報酬はどのよ
うになりますか。

A　弁護活動を行う際に使用される一定の書面について，
国選弁護人からの依頼に基づいて翻訳を行った場合に
は，弁護人から報酬の支払を受けることができます。
依頼を引き受けるに当たっては，事前に報酬等につい

て弁護人から説明を受けておくとよいでしょう。

④Q　通訳費用の負担について被告人から尋ねられたらど
うしたらよいですか。

　A　弁護人に尋ねるよう告げてください。ちなみに通訳
にかかった費用については，裁判実務では被告人に負
担させない運用が定着しています。

⑤Q　判決宣告により終了した事件の関係書類はどうした
らよいですか。

　A　まず，判決要旨は，宣告後すぐに裁判所に返還して
ください。その他の書類については，裁判所から返還
を求められなければ，処分して差し支えありませんが，
書類が他人の目に触れないように，処分方法には十分
に注意してください。

第２編

控訴審における刑事手続の概要

第2編　控訴審における刑事手続の概要

第1章　控訴審とは

1　上訴制度

上訴とは，未確定の裁判に対して，上級裁判所の審判による救済を求める不服申立ての制度です。

第一審の判決に不服がある場合には，訴訟当事者は，事実誤認，訴訟手続の法令違反，法令適用の誤り，量刑不当などを理由として，高等裁判所に対して上訴（控訴といいます。）することができます。控訴審の裁判所は，第一審が地方裁判所又は簡易裁判所のいかんにかかわらず高等裁判所です。控訴審では合議体で裁判を行います。

控訴審の判決に不服がある場合には，最高裁判所に上訴（上告といいます。）することができます。

2　控訴審の役割

控訴審では，申立人の指摘する控訴理由を中心に，第一審判決の当否を審査することが直接の目的とされます。審理の結果，第一審判決を維持すべきであれば控訴棄却，第一審判決を取り消す必要があれば原判決破棄となります。原判決破棄の場合には，第一審裁判所に事件を差し戻し，又は移送するときと，控訴審の裁判所が自ら事件について判決をし直すときとがあります。

第2章　控訴の申立て等

1 控訴の提起期間

控訴の申立てのできる期間は，１４日以内と規定されています。この期間は，第一審判決の宣告のあった日の翌日から起算されます。

2 申立ての方式

第一審の判決（原判決ともいいます。）に対して控訴する場合には，当事者は控訴申立書を第一審の裁判所（原裁判所ともいいます。）に提出して行います。

控訴の申立てがあったとき，第一審裁判所は，速やかに訴訟記録及び証拠物を控訴裁判所に送付します。

3 上訴の放棄

上訴の放棄とは，上訴の提起期間満了前に，上訴する権利を放棄することですが，死刑，無期懲役及び無期禁錮のような重大な刑に処せられた判決に対しては上訴を放棄することはできません。

なお，上訴を放棄した者は，上訴の提起期間内であっても更に上訴を提起することはできません。

4 上訴の取下げ

上訴の取下げは，上訴審の判決があるまですることができます。

なお，上訴を取り下げた者は，上訴の提起期間内であっても更に上訴を提起することはできません。

第３章　控訴審の手続
第１節　控訴審の第１回公判期日までの手続

1　弁護人選任に関する手続

弁護人は審級ごとに選任しなければなりません。したがって，第一審において弁護人を選任していた場合であっても，控訴を申し立てた被告人は，控訴審でも弁護人を選任しようとする場合には，改めて裁判所に弁護人選任書を提出しなければなりません。裁判所の行う弁護人選任照会，国選弁護人選任の手続等については第一審の場合と同様です。照会書については，高等裁判所の依頼に基づいて，第一審裁判所において送付するという取扱いが実務においてされています。

2　通訳人の選任に関する手続

通訳人の選任については，第一審の場合と同様です。

3　被告人の移送

控訴審において，被告人が勾留されている事件の公判期日を指定するときは，その旨を検察官に通知しなければなりません。通知を受けた検察官は，被告人の身柄を，速やかに控訴審裁判所の所在地にある拘置所に移送します。

これは，被告人が控訴審の公判に備えて，弁護人との打合せ等の準備をしたり，自ら公判廷に出頭したりする際の便宜等のためです。

4　控訴趣意書の提出

控訴趣意書とは，控訴の申立てをした者が控訴審に対して自己の主張である控訴理由を簡潔に指摘した書面です。控訴趣意書は，被告人自身で書いて差し出すことも法律上はできますが，通常は，弁護人が被告人のために作成して差し出しています。

なお，控訴の申立ての理由は，控訴趣意書に記載すればよく，必ずしも控訴申立書に記載する必要はありません。

控訴審裁判所は，控訴趣意書を受け取ったときは，速やかにその謄本を相手方に送達しなければなりません。

＊控訴理由の限定

控訴の理由は，刑訴法に定められており，それ以外の事由を控訴理由とすることはできません。控訴の理由としては量刑不当が最も多く，事実誤認がこれに次ぎ，訴訟手続の法令違反,法令の適用の誤りもよく見られます。

＊控訴趣意書差出最終日の指定

裁判所は，控訴趣意書につき，期間を定めて提出を促します。その期間は，控訴趣意書差出最終日指定通知書を控訴申立人に送付することによって通知します。

5　答弁書の提出

答弁書は，控訴趣意書に対する相手方の意見を記載したもので，書面により控訴審裁判所に差し出すものです。

6　第1回公判期日の指定と被告人の召喚

控訴審においては，被告人は，裁判所が特に出頭を命じた場合以外は公判期日に出頭する義務はありません。しかし，公判期日に出頭し，自ら防御権を行使する権利は保障する必要がありますので，期日が指定されたときは，実務上，被告人に対して公判期日召喚状による召喚の手続がとられています。実際にも，被告人が出頭するケースが圧倒的に多いとされています。

＊被告人に対する出頭命令

裁判所は，５０万円以下の罰金又は科料に当たる事件以外の事件について，被告人の出頭がその権利の保護のため重要であると認めるときは，被告人の出頭を命ずることができます。この出頭命令があると，被告人は，公判期日に出頭する義務が課せられることになります。

第2節　控訴審における公判審理

1　概要

　控訴審の公判審理は，まず第1回公判期日で，控訴を申し立てた当事者から控訴趣意書に基づく弁論がなされ，これに対する相手方の答弁があります。必要がある場合は請求又は職権により事実の取調べが実施されます。

　事実の取調べが終了すると，当事者の請求により事実の取調べの結果に基づき弁論をすることができます。

　弁論が終結されると，判決宣告期日が指定されて，その期日に判決が宣告されます。

＊被告人の弁論能力の制限

　　裁判所が被告人質問を採用したときには，被告人は訴訟関係人の質問に対して任意の供述はできますが，弁論をすることはできないとされています。したがって，被告人のためにする弁論は，弁護人でなければこれをすることができません。

2　公判期日の手続の流れ

(1)　通訳人の人定尋問と宣誓

　第一審と同様の手続で行われます。

(2)　被告人の人定質問

控訴審では，人定質問は必要的なものではなく，出頭した場合でも適宜の方法で人違いでないことを調べれば足りるとされています。実務では，被告人が出頭したときは，人定質問がなされるのが通例です。なお，控訴審でも「被告人」と呼ばれることは第一審と同じです。

　人定質問がされる場合は，第一審と同様に，裁判長が被告人に対し，氏名，生年月日，国籍，日本における住居及び職業を尋ねます。

＊黙秘権の告知

　　控訴審では，黙秘権の告知は必要的ではありませんが，行われることもあります。また，事実の取調べとして被告人質問をする場合に，その実施前に告知することもあります。

(3)　控訴趣意書に基づく弁論

　検察官及び弁護人は，控訴趣意書に基づいて弁論しなければならないとされています。控訴趣意書に記載した事項を基礎としてそれに関連する事項を説明したりすることや，控訴趣意書の範囲内であれば，期間経過後に提出された控訴趣意補充書あるいは控訴趣意補正書等に基づく弁論をすることも許されているのが実務の取扱いです。控訴趣意書の範囲を逸脱したり，趣意書に記載のない新しい主張を付加したりすることは許されません。

　被告人側が控訴を申し立てた場合に，被告人が自ら控訴趣意書を書いて提出することがありますが，被告人には弁論能力がありませんので，弁護人がその判断で被告人提出

の控訴趣意書をも含めて弁論をすることになります。

　控訴趣意書に基づく弁論は，弁護人と被告人との間の打合せにより被告人に控訴趣意書の内容があらかじめ伝わっている場合には，「控訴趣意書記載のとおり」として行われることがほとんどです。被告人に内容が伝わっていない場合などは，弁護人が必要に応じて控訴趣意書の内容を要約したり，自ら要旨を作成して，それに基づき述べたりします。

(4)　控訴趣意書に対する相手方の意見（答弁）

　控訴の申立ての相手方は，答弁書に基づき，又は答弁書の提出がないときは口頭で，控訴申立人の控訴趣意書の内容に反論する弁論をします。

　被告人控訴の場合に，事前に検察官から答弁書が提出されている場合には，「答弁書記載のとおり」として答弁することがほとんどです。答弁書が提出されていない場合には，検察官が口頭で「本件控訴は理由がないので，棄却されるべきである。」などと答弁することになります。

(5)　事実の取調べ

　控訴審の審査は，控訴理由の有無の調査という形で行われますが，事実の取調べはその調査の一方法です。控訴趣意書に包含された事項についての調査は，義務的に行われますが，事実の取調べはその調査に必要な場合に制限されています。

　事実の取調べとしては，第一審における証拠調べの方法にのっとり，証人尋問，検証，鑑定，被告人質問あるいは

書証の取調べなどが行われることになります。

　このほか，審理の過程で訴因等が変更される場合もあります。

(6)　事実の取調べの結果に基づく弁論

　事実の取調べをしたときは，検察官及び弁護人は，その結果に基づいた弁論をすることができますが，任意的なものです。そして，この弁論は，事実の取調べの結果，控訴理由の存否につき意見をふえんする必要がある場合にその点に限って認められるものです。したがって，事件全般についての意見を陳述する第一審のいわゆる論告や弁論とは性質を異にします。

　なお，被告人には弁論能力がないので，事実の取調べの結果に基づく弁論を認めず，その最終陳述も認めない扱いが実務の大勢です。

(7)　次回公判期日の指定・告知

3　判決宣告期日

判決宣告・上訴期間等の告知

（判決主文例については９８ページ，判決理由の例については１１８ページ参照）

＊被告人の収容

　第一審判決で禁錮以上の刑の言渡しがされている場合に，控訴棄却の判決があると，保釈又は勾留の執行停止はその効力を失い，新たな保釈又は執行停止がない限り，被告人の身柄については，収容の手続がとられることになります。ただし，控訴審では直ちに収容の手続をとら

ないのが通例です。

第３編

法廷通訳参考例

第3編　法廷通訳参考例

　　ここでは，刑事裁判における具体的なやりとりの例を取り
上げ，通訳の参考例を対訳の形で収録しています。第1編，
第2編の刑事裁判手続の説明と合わせて活用してください。

概要目次

第1章　勾留質問手続

1　前置き

（裁）　私は，○○地方裁判所の裁判官です。検察官から勾留請求といって，引き続いてあなたを留置してほしいという請求がありました。そこで，これからあなたを勾留するかどうかを決めるために，あなたに対して被疑事実を告げ，それに関するあなたの陳述を聴くことにします。その前にいくつかの注意及び説明をします。

2　黙秘権の告知

（裁）　まず第一に，あなたには黙秘権があります。私の質問に対し，始めから終わりまで黙っていてもいいし，個々の質問に対して答えを拒むこともできます。答えないからといって，それだけで不利益な扱いを受けることはありません。

3　弁護人選任権の告知

（裁）　第二に，あなたは自分の費用で弁護人を選任する権利があります。弁護人を選任したいけれども，弁護人の心当たりがないという場合には，弁護士会を通じて選任する方法があります。そのような申出があれば，裁判所から弁護士会に通知しますから，希望する場合は遠慮なく言ってください。

（被疑者国選弁護対象事件の場合）

　　あなたが経済的な理由などで自分の費用で弁護人を選任することができないときは，裁判官に弁護人の選

Capítulo 1. Procedimento da Inquirição em casos de Detenção

1. Introdução

(J)   Eu sou o(a) juiz(a) do Tribunal Regional de _____ . O(A) promotor(a) público(a) solicitou a este Tribunal a continuidade da sua detenção. Para tomar decisão acerca da sua detenção, irei ler o fato alegado sobre seu ato suspeito, e posteriormente o(a) senhor(a) poderá realizar suas alegações a este respeito. Antes porém, lhe transmitirei alguns avisos e explicações.

2. Direito de permanecer em silêncio

(J)   Em primeiro lugar, o(a) senhor(a) tem o direito de permanecer em silêncio. Poderá manter-se em silêncio diante de todas as minhas perguntas, bem como recusar-se a responder à respectiva pergunta. O seu ato de se permanecer em silêncio não significa que será tratado(a) desfavorávelmente.

3. Direito de nomear defensor(a)

(J)   Em segundo lugar, o(a) senhor(a) terá o direito de nomear defensor(a) por sua própria conta. Caso não haja indicação de defensores, mesmo havendo a vontade de nomeação, poderá solicitar a nomeação de defensor(a) através da Associação de Advogados. Havendo tal solicitação por sua parte, o Tribunal notificará o fato à Associação de Advogados que pode solicitar a qualquer momento.

(Caso a ação sujeita à defesa efetuada por defensor(a) nomeado(a), por conta do governo)

Caso não haja a condição suficiente financeira e outro, em que possa nomear defensor(a) por sua própria conta,

任を請求することができます。この請求をする場合には，資力申告書を提出しなければなりません。また，資力申告書の資力の合計額が５０万円以上の場合には，あらかじめ，○○弁護士会に弁護人の選任の申出をしていなければなりません。

4　勾留の要件の説明

（裁）　あなたに，罪を犯したと疑うに足りる相当な理由があり，かつ，住居が不定であるか，証拠を隠滅したり逃亡したりすることを疑うに足りる相当な理由がある場合には，勾留されることになるかもしれません。

5　勾留の期間の説明

（裁）　勾留される期間は，原則として１０日間です。しかし，場合によっては，１０日たつ前に釈放されることもありますし，更に１０日以内の日数勾留が延長されることもあります。

6　被疑事実の告知

（裁）　それでは，勾留請求の理由となっている犯罪事実を読むのでよく聞いてください。その後で，これに対して言いたいことがあったら述べてください。

「被疑者は，平成○○年１０月１０日午後６時５０分ころ，○○市丸山町１番１号所在の株式会社甲百貨店（代表取締役甲野太郎）本店３階貴金属売場において，同社所有のダイヤモンド指輪１個（時価３００万円相当）を自己の背広の内側ポケットに入れて窃取したものである。」

poderá solicitar ao juiz(a) a nomeação de defensor(a). Deverá se apresentar o relatório sobre condição financeira, caso essa solicitação seja efetuada. A solicitação da nomeação de defensor(a) deverá ser feita com antecedência, à Associação de Advogados de Região de _____, se a soma da condição financeira declarada nesse relatório supere a 500,000 yens.

4. **Explanação sobre requisitos para detenção pré-acusação**

(J) O(A) senhor(a) poderá ser detido(a), caso haja motivo compatível ao seu ato ilícito, domicílio sem registro, ocultação e/ou destruição da prova e a tentativa da fuga.

5. **Explanação sobre prazo da detenção pré-acusação**

(J) Em princípio, serão 10(dez) dias de prazo, para detenção. Conforme o caso, pode ser liberado(a) antes dos 10(dez) dias, sendo que esse prazo poderá ser prorrogado por mais 10(dez) dias.

6. **Declaração dos fatos suspeitos**

(J) Irei ler os fatos ilícitos, que são motivos constituintes da solicitação para detenção. Preste atenção, por favor. Posteriormente a esta declaração, tal poderá ser contestada.

"O(A) suspeito(a) cometeu o furto de um anel de diamante (avaliado em 3 milhões de yens) colocando-o no bolso interno do seu paletó, no setor de jóias da loja de departamento de "A" S/A, administrado pelo presidente, Taro Kohno, localizado no 3° andar do prédio situado em Maruyama-cho 1-1, cidade de _____, por volta das 18:50 horas do dia 10 de outubro do ano _____ de Heisei."

7　被疑事実に対する陳述

（被）　・　事実はそのとおり間違いありません。

　　　　・　身に覚えがありません。

　　　　・　検察庁で述べたとおりです。

8　勾留通知先

（裁）　あなたが勾留されることになった場合には，裁判所から弁護人あてにその旨を通知します。弁護人がない場合には，国内にいるあなたの配偶者，親兄弟等のうち，あなたが指定する１人に通知します。また，弁護人もそのような家族もない場合には，雇主とか知人などのうちからあなたが指定する１人に通知します。通知先の氏名，住居，電話番号を述べてください。

（被）　日本にいる兄に連絡してください。

（裁）　住所と名前は。

（被）　名前は，Ａです。私と同じところに住んでいます。

9　領事機関への通報

（裁）　あなたは，○○国国民として，領事関係に関するウィーン条約第３６条第１項（ｂ）の規定により，勾留の事実を○○国領事官に通報することを要求しますか。

（被）　通報することを要求します。〈要求しません。〉

（裁）　なお，領事機関に対しては，我が国の法令に反しない限り，信書を発することができます。

10　読み聞け

（書）　あなたが述べたことを調書に書きましたので，それを読み上げます。間違いなければここに署名して，左

7. **Alegação do fato suspeito**

(S)   · O fato alegado é verdadeiro.

      · Não tenho nada a ver com este fato.

      · O fato é aquilo que declarei na Agência da Promotoria.

8. **Destinação da notificação sobre sua detenção pré-acusação**

(J)   Caso sua detenção for determinada, este Tribunal efetuará a notificação sobre este respeito ao(à) seu(sua) defensor(a). Um(a) de seu cônjuge e seus familiares, por sua designação, residentes no Japão, receberá essa notificação, caso não haja defensor(a). Outrossim, caso não haja tal defensor(a) nem familiares, um(a) de seu patrão e conhecido(a), por sua designação, receberá essa notificação. Favor oferecer seu nome, endereço e número de telefone para notifiicação da sua detenção.

(S)   Favor avisar ao meu irmão mais velho residente no Japão.

(J)   Seu endereço e nome ?

(S)   Seu nome é "A", residente no meu lugar.

9. **Notificação ao Consulado**

(J)   O(A) senhor(a) solicita a notificação do fato da sua detenção ao cônsul do país de ＿＿＿, conforme (b) do inciso 1, do artigo 36 da Convenção de Viena sobre Relações Consulares, como o cidadão do país de ＿＿＿?

(S)   Sim, solicito a notificação. (Não. Dispenso a notificação.)

(J)   O(A) senhor(a) poderá endereçar uma carta ao Instituto Consular, enquanto respeitar as legislações do Japão.

10. **Leitura**

(E)   Efetuei aqui a transcrição do que o(a) senhor(a) disse. Farei a leitura em voz alta. Se estiver correto, queira

人指し指で指印してください。

第2章　公判手続

1　開廷宣言

（裁）　開廷します。

2　通訳人の宣誓

（通）　良心に従って誠実に通訳をすることを誓います。

3　人定質問

（裁）　被告人は前に出てください。〈被告人は起立してください。〉

名前は何と言いますか。

生年月日はいつですか。

国籍（本籍）はどこですか。

日本国内に定まった住居はありますか。

職業は何ですか。

4　起訴状朗読

（裁）　それでは，これから被告人に対する○○被告事件についての審理を始めます。

起訴状は受け取っていますね。

まず，起訴状が朗読されますから，被告人は聞いていてください。

検察官，起訴状を朗読してください。

5　黙秘権の告知

（裁）　これから，今朗読された事実についての審理を行いますが，審理に先立ち被告人に注意しておきます。被告人には黙秘権があります。したがって，被告人は答

assiná-la e também coloque a impressão digital do seu indicador esquerdo.

Capítulo 2. Procedimento para Julgamento

1. Abertura da audiência

(J)   Declaro a abertura da audiência.

2. Juramento do(a) intérprete

(I)   Eu juro, de que conforme a minha consciência, em interpretar com fidelidade.

3. Inquirição para identificação da pessoa

(J)   Acusado(a), favor dirigir-se à frente. (Queira se levantar.)

Declare o seu nome.

Declare a sua data do nascimento.

Declare a sua nacionalidade. (registro civil)

Declare o seu domicílio registrado no Japão.

Declare a sua ocupação.

4. Leitura do teor do processo

(J)   Iniciaremos a inquirição a respeito do caso contra o(a) acusado(a) de _____ .

O(A) senhor(a) confirma o recebimento da cópia do termo de acusação ?

Queira ouvir o termo de acusação proferido pelo(a) promotor(a) público(a).

Promotor(a) público(a), queira proferir o termo de acusação.

5. Notificação do direito de permanecer em silêncio

(J)   O Tribunal dará alguns cuidados ao(à) acusado(a) antes de inicar a inquirição, conforme o que foi proferido. Pois o(a) acusado(a) poderá recusar a responder às perguntas

えたくない質問に対しては答えを拒むことができます
し，また，始めから終わりまで黙っていることもでき
ます。もちろん質問に対して答えたいときには答えて
よいですが，被告人がこの法廷で述べたことは，被告
人に有利，不利を問わず証拠として用いられることが
ありますから，そのことを念頭に置いて答えるように
してください。

6　被告事件に対する陳述

（裁）　検察官が今読んだ事実について何か述べることはあ
りますか。

（被）　・　事実はそのとおり間違いありません。

・　事実は身に覚えがありません。

・　酒を飲んでいたので，よく覚えていません。

・　物を取ったのは確かですが，人は殺していませ
ん。

・　被害者を刺したのは確かですが，殺すつもりは
ありませんでした。

7　弁護人の意見

（弁）　・　被告人の陳述のとおりです。

・　被告人には，窃盗の故意がないので，無罪を主
張します。

・　被告人には，窃盗の実行の着手がありませんの
で，無罪を主張します。

・　被告人の行為は正当防衛に当たるので，無罪を
主張します。

indesejáveis e permanecer em silêncio, desde início ao fim. Também há o direito de responder à(s) pergunta(s) desejável(is) caso queira, porém tome ciência do fato de que todas as suas declarações efetuadas nesta audiência serão utilizadas como evidência e/ou prova, independente de serem favoráveis ou desfavoráveis a si mesmo.

6. **Declaração sobre a acusação**

(J)   O(A) senhor(a) tem alguma coisa a dizer em resposta ao fato proferido pelo(a) promotor(a) público(a)?

(A)   · Admito que o fato é verdadeiro.

        · Não tenho nada a ver com o fato.

        · Não me lembro bem, porque eu estava embriagado(a).

        · Admito que fiz esse furto, mas não matei ninguém.

        · Admito que ataquei a vítima com a faca, mas não tinha intenção de matá-la.

7. **Opinião de defensor(a)**

(D)   · A declaração dada pelo(a) acusado(a) é verdadeira.

        · Alego a inocência do(a) acusado(a), pois não havia intenção de furto.

        · Alego a inocência do(a) acusado(a), por não ter cometido o ato ilícito do furto.

        · Alego a inocência do(a) acusado(a), pois o ato cometido pelo(a) acusado(a) é compatível à legítima defesa.

8　検察官の冒頭陳述

（裁）　それでは検察官，冒頭陳述を行ってください。

　　　　検察官が証拠によって証明しようとする事実を述べ
　　　　ますので，被告人は聞いていてください。

（検）　検察官が証拠により証明しようとする事実は次のと
　　　　おりであります。被告人は・・・・。

9　弁護人の冒頭陳述

（公判前整理手続が実施された場合で，弁護側の主張がある
ときには必ず行われるが，同手続が実施されなかった場合
に行われることは少ない。）

（裁）　続いて，弁護人の冒頭陳述をどうぞ。

（弁）　それでは，弁護人の冒頭陳述を申し上げます。被告
　　　　人は，本件犯行を行っておらず，無罪です。すなわち
　　　　・・・・。

10　公判前整理手続の結果顕出

（公判前整理手続が実施された場合）

（裁）　次に，公判前整理手続の結果を明らかにする手続を
　　　　行います。この公判に先立ち，裁判所，検察官，弁護
　　　　人の３者によって行われた公判前整理手続の結果，本
　　　　件における主たる争点は，次の２点であることが明ら
　　　　かになっています。まず第１点は・・・・。

11　証拠調べ請求

（検）　以上の事実を立証するため，証拠等関係カード（甲）
　　　　（乙）記載の各証拠の取調べを請求します。

12　証拠（書証・証拠物）請求に対する意見

8. **Alegação inicial pelo(a) promotor(a) público(a)**
   (J)   Promotor(a), queira efetuar a sua alegação.
           O(A) acusado(a) deverá ouvir a alegação inicial pelo(a)
           promotor(a) público(a), sobre os fatos a serem aprovados
           pelo(a) promotor(a) público(a).
   (P)   Os fatos que o(a) promotor(a) irá provar baseados pelas
           evidências são os seguintes. O(A) acusado(a)....
9. **Alegação inicial pelo(a) defensor(a)**
   (Raramente se efetua essa alegação pelo(a) defensor(a) , caso não
   se efetue o procedimento preparatório para audiência, enquanto
   essa mesma alegação se inprescindívelmente realiza, caso este
   procedimento preparatório para audiência se efetue com alegação
   feita por parte de defensor(a)).
   (J)   Em seguida, pode se efetuar a alegação inicial pelo(a)
           defensor(a).
   (D)   Efetuarei a alegação inicial da parte do(a) defensor(a).
           Declaro que o(a) acusado(a) é inocente, sem cometimento
           do ato ilícito da ação acusada desta, quer dizer....
10. **Exibição do resultado pelo procedimento preparatório para**
    audiência
    (Caso se efetue o procedimento preparatório para audiência)
    (J)   Em seguida, se efetuará o procedimento para exibição do
           resultado pelo procedimento preparatório para audiência.
           Anterior a esta audiência, ficaram claros os seguintes dois
           pontos principais neste processo, pelo resultado do
           procedimento preparatório para audiência efetuado em
           três partes, que são tribunal, promotor(a) público(a) e
           defensor(a). O primeiro ponto é....
11. **Solicitação para investigação de evidências**
    (P)   Solicitarei a investigação sobre respectiva evidência
           descrita nos cartões de evidências e outro, que se chamam
           de (A) e (B), para aprovação dos fatos acima
           mencionados.
12. **Opinião perante solicitação das evidências (evidência em**
    documento e material)

（裁）　弁護人，御意見はいかがですか。

（弁）　・　すべて同意します。

　　　　・　甲3号証と甲4号証の目撃者Aの検察官と司法
　　　　　警察員に対する供述調書については不同意です。
　　　　　その余の各証拠は同意します。

　　　　・　証拠物については異議ありません。

　　　　・　乙3号証の被告人の司法警察員に対する供述調
　　　　　書は，取調べ警察官の脅迫により録取されたもの
　　　　　であり，任意性を争います。

　　　　・　乙5号証の被告人の司法警察員に対する供述調
　　　　　書は，供述録取に際し，共犯者をかばって供述し
　　　　　たものであるので，その調書には信用性がありま
　　　　　せん。

　　　　・　乙9号証の被告人の検察官に対する供述調書は，
　　　　　検討中のため意見を留保します。

13　書証の要旨の告知・証拠物の展示

（裁）　それでは，同意のあった各証拠は採用し，取り調べ
　　　　ることにします。検察官，書証の要旨を告知し，証拠
　　　　物を示してください。

　　　　検察官が書証の要旨を告げますので，被告人は聞い
　　　　ていてください。

（検）　・　甲1号証は，司法警察員作成の捜査報告書です。
　　　　　被告人の出入国状況を示したもので，「被告人は，
　　　　　平成〇〇年10月14日，Y国から，短期在留資
　　　　　格（90日）の条件で来日した。在留資格は，平

(J)   Defensor(a), pedirei sua opinião sobre este respecto.

(D)   · Concordo com todas as evidências.

        · Não concordo com os ítens A3 e A4, descritos no auto do depoimento efetuado pela testemunha A, perante o(a) promotor(a) público(a) e oficial policia judicial. Concordo com o resto da respectiva evidência.

        · Não tenho contestada quanto às evidências em material.

        · Questiono a voluntariedade do ítem B3 da evidência, sobre auto do depoimento elaborado pelo(a) acusado(a) perante oficial policial judicial, pois foi efetuado sob ameaça pelo(a) investigador(a) policial.

        · Questiono a credibilidade desse auto, pois foi elaborado este auto do depoimento, para defender seu cúmplice, ao recordar seu comentário, elaborado pelo(a) acusado(a), descrito no B5 da evidência, perante oficial policial judicial.

        · Reservo a minha opinião quanto ao ítem B9 relativo ao auto do depoimento efetuado pelo(a) acusado(a), perante o(a) promotor(a) público(a), por estar ainda no processo de avaliação.

13. **Notificação do sumário das evidências em documento e exibição das evidências materiais**

(J)   Serão adotadas e investigadas as respectivas evidencias concordadas. O(a) Promotor(a), favor notificar o sumário das evidências em documento e exibir as evidencias em material.

        Acusado(a), queira ouvir o sumário das evidências em documento proferido pelo(a) promotor(a) público(a).

(P)   · Ítem A1 é um relatório escrito de investigação elaborado pelo(a) policial judicial, que relata o histórico da entrada e saída ao Japão do(a) acusado(a), constando que "o(a) acusado(a) veio ao Japão, a partir

成○○年1月12日までとなっているが，在留期間の更新は受けていない。」という内容です。

・　甲2号証は，被告人の婚約者甲野花子の司法警察員に対する供述調書です。内容は被告人の生活状況です。

・　乙1号証は，被告人の司法警察員に対する供述調書です。

　　被告人の身上，経歴等を述べたものです。

・　乙2号証，乙3号証は，被告人の司法警察員に対する供述調書であり，乙4号証は，被告人の検察官に対する供述調書です。

　　乙2号証から乙4号証は，いずれも被告人が本件の犯行状況について述べたものですので，乙4号証でまとめて要旨を告げます。

　　「私は，日本で働いてお金を稼ぐために，平成○○年10月14日，Y国から，日本に来ました。日本では，最初に鈴木建設という会社で働き，次に田中土建という会社で働きました。在留期間が平成○○年1月12日までということは分かっていましたが，お金を稼ぎたいのでそのまま日本にいました。」

・　乙5号証は，被告人の身上関係についての捜査報告書です。

14　証人申請

（裁）　検察官，不同意とされた証拠についてはどうされま

do país de ____ , no dia 14 de outubro no ano ____ de Heisei, com a qualificação do visto de permanência por curto período de 90 (noventa) dias. Esta qualificação de permanência permite permanecer no Japão até o dia 12 de Janeiro do ano ____ de Heisei, entretanto esta não foi renovada."

· Ítem A2 é o auto do depoimento efetuado pelo(a) noivo(a) do(a) acusado(a), que se chama Hanako Kouno, perante oficial policial judicial, sobre a circunstância da vida do(a) mesmo(a).

· Ítem B1 é o auto do depoimento pelo(a) acusado(a) perante oficial policial judicial, em que se consta dados pessoais, histórico pessoal e outro do(a) mesmo(a).

· Ítens B2 e B3 são os autos de depoimentos pelo(a) acusado(a) perante oficial de policia judicial e B4 é o auto de depoimento pelo(a) acusado(a) perante o(a) promotor(a) público(a). Ítens de B2 a B4 são os depoimentos pelo(a) acusado(a), a respeito da circunstância do seu crime sujeito a este processo, qual irei notificar na forma sumária, em Iten B4. "Vim ao Japão, a partir do país do ____ , no dia 14 de Outubro do ano de ____ de Heisei, com objetivo de ganhar dinheiro. No Japão, primeiro trabalhei numa empresa chamada Construtora Suzuki, posteriormente passei a trabalhar na Construtora e Engenharia Civil de Tanaka. Tinha conhecimento de que a minha qualificação de permanência venceria no dia 12 de Janeiro do ano de ____ de Heisei, mas resolvi permanecer no Japão pois desejava ganhar dinheiro."

· Ítem 5 é um relatório escrito de investigação acerca da vida pessoal do(a) acusado(a).

14. **Solicitação da testemunha**

   (J)   Promotor(a), o que pretende fazer com as evidências que

すか。

（検）　撤回して，証人Ａを申請します。

15　証人申請に対する意見及び証人の採用

（裁）　弁護人，御意見は。

（弁）　しかるべく。

（裁）　それでは，Ａを証人として採用します。

16　証人の尋問手続

(1)　証人の宣誓

（裁）　ただいまから，あなたをこの事件の証人として尋
問しますから，まずうそをつかないという宣誓をし
てください。その宣誓書を朗読してください。

（証）　宣誓　良心に従って真実を述べ，何事も隠さず，
偽りを述べないことを誓います。証人Ａ。

（裁）　証人は，今宣誓したように本当のことを証言して
ください。もし宣誓した上で虚偽の証言をすると，
偽証罪で処罰されることがあります。

　証人が証言することによって証人自身又は証人の
近親者が刑事訴追を受けたり，有罪の判決を受ける
おそれのある事柄については，証言を拒むことがで
きますから，その場合には申し出てください。

(2)　異議申立て及びその裁定

（検）　弁護人のただいまの発問は，誘導尋問ですから，
異議を申し立てます。

（弁）　反対尋問においては，誘導尋問も許されるので，
検察官の異議の申立ては，理由がないと思料いたし

o(a) defensor(a) não concordou ?

(P)   Revogo-as e faço solicitação para avaliar a testemunha A.

15. Opinião acerca da solicitação da testemunha e admissão para intimar testemunha

(J)   Defensor(a), o(a) senhor(a) tem alguma contradita ?

(D)   Não. Prossiga, por favor.

(J)   O tribunal irá admitir "A" como testemunha.

16. Procedimento para inquirição da testemunha

(1) Juramento da testemunha

(J)   O(A) senhor(a) está sendo considerado(a) como testemunha para esse caso. Antes do seu depoimento, o(a) senhor(a) deverá prestar o seu juramento de que não incorrerá em falso testemunho. Favor proferir este juramento.

(T)   "Eu juro, que conforme a minha consciência, direi somente a verdade, não ocultando nenhum fato, e de não incorrer no falso testemunho. Testemunha A"

(J)   Senhor(a), queira manter a verdade tal qual o seu juramento efetuado. Se por aventura houver um falso testemunho, poderá ser processado(a) por perjúrio conforme a lei.

        Se houver risco de que, baseado nos termos da declaração, a testemunha ou os seus parentescos e familiares vierem a serem sujeitos o processo penal, o(a) senhor(a) poderá recusar a responder às perguntas. Queira comunicar ao Tribunal se fato como este vier a ocorrer.

(2) Contradita e sua decisão

(P)   Protesto contra essa pergunta, induzida pelo(a) defensor(a).

(D)   Durante o contra-interrogatório, é permitido fazer pergunta induzida. Por isso penso que a contradita do(a)

ます。

　　　（裁）　異議を棄却します。

(3)　証人尋問の終了

　　　（裁）　証人尋問を終わります。証人は，お疲れさまでし
　　　　　　た。

17　その他の手続

(1)　弁論の併合決定

　　　（裁）　本件に被告人に対する平成○○年（わ）第○○号
　　　　　　強盗被告事件を併合して審理します。

(2)　訴因及び罰条等の変更

　　　（検）　起訴状記載の訴因を「被告人は・・・・したもの
　　　　　　である。」と，罪名及び罰条を「窃盗　刑法２３５
　　　　　　条」とそれぞれ変更の請求をします。

　　　（弁）　検察官の請求に異議ありません。

　　　（裁）　訴因及び罰条等の変更を許可します。

(3)　被害者特定事項の秘匿決定後，被害者の呼称の定めがさ
　　　れた場合

　　　（裁）　今後の審理においては，平成○○年６月２０日付
　　　　　　け起訴状記載の公訴事実第１の被害者のことを「被
　　　　　　害者Ａ」と，同年７月１０日付け追起訴状記載の被
　　　　　　害者のことを「被害者Ｂ」と呼ぶこととします。

(4)　被害者参加許可決定

　　　（検）　本日，被害者Ａさんから被害者参加の申出があり
　　　　　　ました。検察官としては，相当であると考えます。

　　　（裁）　弁護人の御意見はいかがですか。

promotor(a) público(a) não tem razão.

(J)   Contradita rejeitada.

(3) Término de inquirição da testemunha

(J)   A inquirição da testemunha está concluída.   Muito
         obrigado(a).

17. Outros procedimentos

(1) Autorização da cumulação da audiência

(J)   O Tribunal passará a julgar o caso de acusação de assalto
         e furto do No. _____ , (WA) do ano _____ de Heisei,
         contra o(a) acusado(a) em cumulação com o presente caso
         de acusação.

(2) Alteração dos motivos do processo e artigos penais etc.

(P)   Solicito a alteração dos seguintes ítens ;
         · motivo do processo descrito no auto do processo penal,
           constando o ato cometido pelo(a) acusado(a). . . . e,
         · título do crime e artigo penal "furto, conforme artigo
           235 do Código Penal".

(D)   Não tenho contradita quanto à solicitação pelo(a)
         promotor(a) público(a).

(J)   Autorizo as respectivas alterações.

(3) Caso se defina o título da vítima, posterior à autorização do
    sigilo profissional, a respeito do ítem da proteção dos dados
    pessoais da vítima.

(J)   Na inquirição em diante, será chamada de "Vítima A", a
         primeira vítima do fato do processo público penal, consta
         no auto do processo penal, com data do dia 20 de junho
         do ano _____ de Heisei.   Da   mesma maneira, será
         chamada de "Vítima B", a mesma consta no auto do
         processo penal suplente, com data do dia 10 de julho do
         mesmo ano.

(4) Autorização da participação da vítima

(P)   Hoje recebemos a declaração da participação da vítima,
         pela vítima A, que considero, como o(a) promotor(a)
         público(a), compatível e adequado.

(J)   Vossa opinião, o(a) defensor(a) ?

（弁）　しかるべく。

（裁）　申出人の本件被告事件の手続への参加を許可します。

(5)　被害者等の被害に関する心情その他の被告事件に関する
　　意見陳述

　　（被害者等からの申出がある場合）

　　（裁）　被害者の方からの心情その他の意見陳述を行います。では，被害者の方は証言台に進んで，その意見を陳述してください。

　　（害）　・　私は，被告人に殴られて，半年も入院しました。その間，身体の自由が利かず，仕事もできず，とてもつらい思いをしました。

　　　　　　・　被告人のことは，絶対に許せません。

(6)　即決裁判手続

　ア　被告事件に対する有罪の陳述

　　（起訴状朗読及び黙秘権の告知後）

　　（裁）　検察官が今読んだ事実について何か述べることはありますか。

　　（被）　間違いありません。

　　（裁）　事実は間違いないということですが，この事実について，有罪であるとして処罰されても構わないということですか。

　　（被）　はい。

　イ　弁護人の意見

　　（裁）　弁護人の御意見は。

(D)   Definitivamente concordarei.

(J)   Darei autorização à participação da vítima, do procedimento deste processo cometido pelo(a) acusado(a).

(5) Alegação da observação, impressão, opinião e outra, a respeito do prejuízo e dano da vítima, sobre este caso cometido por este(a) acusado(a).

(Caso haja oferta da declaração pela vítima e outro)

(J)   Será efetuada a alegação da observação, impressão, opinião e outra, oferecida pela vítima. O(A) senhor(a), vítima, favor dirigir-se ao palco da testemunha e efetuar sua alegação.

(V)   · Fiquei internado(a) há seis meses desde que o(a) acusado(a) bateu em mim. Durante esse período, houve muito incômodo no corpo, sem função vital, resultando em faltas no meu serviço.

        · Nunca vou perdoar este(a) acusado(a).

(6) Procedimento do julgamento simplificado

A. Alegação da culpabilidade do caso cometido por este(a) acusado(a)

(Posteriormente ao ato do processo penal proferido e notificação do direto de permancer em silêncio)

(J)   Deseja falar alguma coisa, a respeito dos fatos proferidos pelo(a) promotor(a) público(a)?

(A)   Plenamente concordo.

(J)   Admite que o(a) acusado(a) seja condenado(a) e punido(a) baseado(a) nestes fatos, com que o(a) senhor(a) concorda?

(A)   Sim, admito.

B. Opinião do(a) defensor(a)

(J)   Qual é a opinião do(a) defensor(a)?

（弁）　被告人の陳述と同様です。

ウ　即決裁判手続によって審判する旨の決定

（裁）　本件については，検察官から即決裁判手続の申
　　　　立てがされています。被告人，弁護人は即決裁判
　　　　手続によることについて同意しており，被告人は
　　　　有罪である旨の陳述をしていますので，本件を即
　　　　決裁判手続によって審判することとします。

エ　証拠調べ請求等

（裁）　では，証拠調べに入ります。検察官，証拠調べ
　　　　請求をお願いします。

（検）　本件公訴事実を立証するため，証拠等関係カー
　　　　ド（甲）（乙）記載の各証拠の取調べを請求します。

（裁）　弁護人，いかがですか。

（弁）　いずれも，証拠とすることに異議はありません。

18　論告

（裁）　検察官，御意見を伺います。

　　　　検察官がこの事件に対する意見を述べますので，被
　　　告人は聞いていてください。

（検）　それでは論告いたします。

　　　　・　まず，事実についてですが，本件公訴事実は，
　　　　　当公判廷で取り調べられた関係各証拠によって証
　　　　　明十分と思料します。

　　　　・　情状について申し上げます。本件は，被告人が，
　　　　　金を稼ぐ目的で，当初から不法に残留することを
　　　　　予定して入国し，2年余りにわたって不法に残留

(D)　　　Igual à da vítima.

C　Decisão de julgamento conforme procedimento do julgamento simplificado

(J)　　　A respeito deste caso, recebemos a solicitação do procedimento do julgamento simplificado, pelo(a) promotor(a) público(a). Havendo acordo de proceder este caso conforme procedimento do julgamento simplificado pelo(a) acusado(a) e defensor(a), se prosseguirá o julgamento deste caso, de acordo com procedimento do julgamento simplificado.

D　Solicitação da investigação das evidências e outro

(J)　　　Iniciaremos a investigação das evidências. O(A) promotor(a) público(a), favor efetuar a solicitação para investigação das evidências.

(P)　　　Solicito a investigação das evidências das respectivas evidências, descritas nos cartões das evidências e outro, chamados de (A) e (B), com o objetivo de aprovar os fatos constituintes do processo público penal deste caso.

(J)　　　Alguma opinião?

(D)　　　Plenamente concordo com esse procedimento.

18. **Alegação pelo(a) promotor(a) público(a)**

(J)　　　Solicito vossa opinião, promotor(a) público(a).

Favor ouvir a sua alegação proferida pelo(a) promotor(a) público(a).

(P)　　　Declararei minha alegação.

・A respeito dos fatos, acredito que esses fatos do processo público penal deste caso sejam bastante capazes como evidência, conforme respectivas evidências investigadas nesta vara.

・Efetuarei a declaração sobre circunstância do(a) acusado(a). A responsabilidade penal do(a) acusado(a) é séria e grave, em consideração do período da sua permanência no Japão, que o mesmo veio ao Japão, com objetivo de ganhar dinheiro e intenção de

した事案であり，その残留期間の長さなどを考えると，被告人の刑事責任は重大であります。

・　求刑ですが，以上諸般の事情を考慮し，相当法条適用の上，被告人を，懲役1年6月に処するのを相当と思料します。

19　被害者参加人の弁論としての意見陳述

（事前に被害者参加人からの申出がされ，これが許可されている場合）

（裁）　では，弁論としての意見陳述をお願いします。

（参）　この事件の被害者参加人として，私の意見を述べます。

・　被告人は，何の関係もない私に対し，いきなり言い掛かりをつけ，その後，急に殴りかかってきました。

・　このため，私は1か月もの入院を余儀なくされるほどの重傷を負いました。入院中は身体の自由が利かず，本当につらい思いをしました。

・　被告人は，私にも落ち度があるなどといって謝罪すら行わず，また，慰謝料はおろか，入院費用さえも支払っていません。

・　このような被告人のことは，どうしても許せません。私は，被告人を懲役4年の刑にしてほしいと思います。

20　弁護人の弁論

（裁）　弁護人の御意見を伺います。

permanecer no País de forma ilegal desde o início, resultando na permanência ilegal por mais de dois anos.

· Acredito que seja compatível à condenação do(a) acusado(a), por período de um ano e seis meses com trabalho, em consideração de tais circunstâncias, com aplicação das legislações compatíveis.

19. **Alegação como declaração da opinião pela vítima participante** (Somente no caso em que seja autorizada esta presença da vítima participante, com antecedência.)

(J)   Favor efetuar sua alegação como defesa.

(VP)   Declararei minha opinião, como vítima participante deste caso.

· O(A) acusado(a) começou a me pertubar de repente, com que não tenho nenhuma relação, e posteriormente começou a bater em mim de repente.

· Por essa violência, tive que me internar no hospital por mais que um mês, devido à lesão e ferimento grave. Tive que passar por incômodo sério durante essa internação hospitalar, pois perdi as funções vitais do meu corpo.

· O(A) acusado(a) não pagou nenhuma indenização, nem despesa da internação hospitalar, dizendo que eu também tenho culpa de ter sido assaltado(a).

· Não perdoarei de jeito nenhum, o(a) acusado(a) por isso, solicitando a pena de 4 anos com trabalho forçado ao(à) mesmo(a).

20. **Audiência defesa pelo(a) defensor(a)**

(J)   Solicito a opinião do(a) defensor(a).

（弁）　では，被告人のため，弁論いたします。

(1)　出入国管理及び難民認定法違反（自白事件）の例

　　・　本件公訴事実に関しては，被告人は当公判廷においてもこれを素直に認めており，弁護人としてもこれに対し特段異議をとどめるべき点はございません。

　　・　被告人も当公判廷で供述したとおり，本件は弁解の余地のない違法行為であり，被告人自身，長期にわたる不法残留については十分反省し，国外に退去した後は2度と日本には来ないと供述しており，今後2度とこのような違法行為を繰り返さないことを誓っているものです。

　　・　被告人の残留目的は，就労であり，それ以外の不法な目的を有していたものではありません。

　　・　現に，来日してから逮捕されるまでの間は，まじめに稼働しており，本件以外の犯罪を犯したこともなく，前科前歴はありません。

　　・　被告人は今回，逮捕，勾留，起訴という厳しい処分を受け，既に相当の期間の身柄拘束処分を受けており，十分な社会的，経済的制裁を受けています。

　　・　以上の事情を併せ考慮されて，被告人に是非とも自力更生，再起の機会を与えていただきたく，執行猶予の寛大な判決を下されるよう，切にお願いする次第です。

(2)　窃盗（否認事件）の例

　　・　被告人は，指輪を買うつもりだったのであり，窃盗

(D)   Efetuarei minha alegação para defesa do(a) acusado(a).

(1) O exemplo da violação do controle da imigração e da lei da autorização dos refugiados (caso de confissão).

· A respeito deste fato do processo público penal deste caso, o(a) acusado(a) sinceramente admite esta violação, nesta vara, com que não há nenhuma intenção especial de recorrer, como defensor(a).

· Conforme a declaração do(a) acusado(a) feita nesta vara, o presente caso vem a ser uma conduta ilegal injustificável.   O(A) próprio(a) acusado(a) está suficientemente arrependido(a) sobre o fato de ter permanecido(a) ilegalmente no país por um longo período, e está declarando não mais vir ao Japão após a deportação, prometendo também não repetir tais atos ilegais.

· A finalidade do(a) acusado(a) em permanecer ilegalmente no Japão foi de trabalhar, não havendo um outro motivo além disso.

· Desde a sua chegada ao Japão até a sua detenção, o(a) acusado(a) trabalhou honestamente, não cometeu nenhum crime além do presente caso, não havendo também nenhuma antecedência cadastrada e nem criminal.

· O(A) acusado(a) foi punido(a) severamente com a detenção, aprisionamento e processo no presente caso. Já ficou privado(a) da liberdade por um certo período, tendo recebido sanções econômicas e sociais suficientes.

· Considerando tais circunstâncias, peço para dar ao(à) acusado(a) uma oportunidade para se reabilitar dentro da comunidade e recomeçar uma nova vida, dando-lhe uma sentença generosa com suspensão condicional.

(2) Exemplo do caso de furto (caso de negativa do crime)

· O(A) acusado(a) é inocente, pois pretendia comprar o

の故意はなく，無罪です。このことは証拠によって認められる次の事実から明らかであります。

（中略）

・　以上のことから，被告人には窃盗の故意がなく，無罪であります。

21　被告人の最終陳述

（裁）　これで審理を終わりますが，最後に何か言っておきたいことはありますか。

（被）　・　申し訳ないことをしたと思います。

・　私は盗むつもりはありませんでした。早く自分の国へ帰らせてください。

22　公判期日の告知

(1)　次回公判期日の告知

（裁）　次回公判期日は，平成〇〇年１１月８日午前１０時３０分と指定します。

(2)　判決言渡期日の告知

（裁）　それでは，判決は平成〇〇年１２月６日午後１時にこの法廷で言い渡します。

23　判決宣告

（裁）　被告人に対する〇〇被告事件の判決を言い渡します。

（判決主文の例については，第３章及び第４章参照）

理由・　当裁判所が証拠により認定した罪となるべき事実（犯罪事実）の要旨は次のとおりである。

・　そこで，所定の法条（法律）を適用して，

anel, não havendo intenção de roubá-lo. Este fato está claro e é passível de ser reconhecido pelas seguintes evidências. (abreviação)

· Por estes fatos apresentados, o(a) acusado(a) não tinha intenção de roubar, portanto é inocente.

21. Alegação final do(a) acusado(a)

(J)   Com isto terminamos a inquirição. Há algo que o(a) senhor(a) queira declarar sobre este caso?

(A)   · Sinto muito pelo que cometi.

· Não tinha intenção de roubar. Por favor, permita que eu retorne ao país de origem rapidamente.

22. Notificação da data do julgamento

(1) Notificação da data do próximo julgamento

(J)   O Tribunal indica o dia 8 de novembro do ano _____ de Heisei, às 10 : 30 horas para a próxima audiência.

(2) Notificação da data da sentença

(J)   A sentença será dada nesta vara às 13 : 00 horas do dia 6 de dezembro do ano _____ de Heisei.

23. Declaração da Sentença

(J)   Com a conclusão do julgamento, passaremos ao termo principal da sentença do caso _____ contra a pessoa do(a) acusado(a).

(Veja o exemplo do termo principal nos capítulos 3 e 4)

Motivo

· O presente Tribunal exibirá o sumário dos fatos compatíveis ao crime, ou seja, os fatos criminais, aprovados por este Tribunal com evidências.

· Portanto, se sentenciará o julgamento, com aplicação da legislação, ou seja lei vigente, de acordo com o teor

主文のとおり判決する。

・　刑を定めるに当たって考慮した事情は以下のとおりである。

（判決理由の例については，第5章及び第6章参照）

24　執行猶予の説明

(1)　身柄拘束中の被告人の執行猶予

（裁）　刑事裁判の手続としては，釈放されます。今後○年間のうちに日本で罪を犯さなければ，刑務所に入らなくてもよくなります。しかし，この○年間のうちに日本で罪を犯してまた刑に処せられることがあると，この執行猶予は取り消されます。そうなると，今回の懲役○年の刑を実際に受けなければならなくなります。もちろん，その場合には新たに犯した罪の刑も受けます。そういうことのないように，十分注意してください。

(2)　既に不法残留になっている被告人の執行猶予

（裁）　なお，被告人の場合は既に在留期間が経過していますから，この判決の後間もなく，入国管理局において被告人を本国に送還する手続がなされると思います。したがって，結局，送還後○年間日本に来て犯罪を犯さなければ，今回の刑を受けることはないということになります。

25　未決勾留日数の説明

（裁）　被告人はこれまで相当期間勾留されていますから，

principal.

· Serão demonstradas circunstâncias abaixo, para condenação da pena.

(Referência aos motivos exemplares para sentença, veja Capítulo 5 e 6)

24. Explanação sobre Suspensão Condicional da Pena

(1) Suspensão da execução da pena para o(a) acusado(a) detido(a)

(J)   O(A) acusado(a) será liberado(a), de acordo com o procedimento do processo penal. Também o(a) mesmo(a) não necessitará ser recolhido(a) na penitenciária, caso não cometa outro crime no Japão dentro dos próximos _____ anos. Porém, essa suspensão da execução da pena será revogada, caso o(a) acusado(a) cometa outro crime com punição no Japão, dentro dos próximos _____ anos. Nesse caso, o(a) acusado(a) deverá se sujeitar a pena de _____ anos condenado(a) neste processo, bem como a pena do crime cometido posteriormente. Favor estar ciente deste fato e tomar cuidado.

(2) Suspensão da execução da pena para o(a) acusado(a), no estado da permanência ilegal

(J)   Ainda mais, no caso deste(a) acusado(a), com expiração do período do visto da residência, o(a) acusado(a), logo após esta sentença, será sujeito ao procedimento da deportação ao seu país de origem, através do Bureau da Imigração. O(A) acusado(a) não será sujeito à pena sentenciada neste julgamento, somente no caso em que o(a) mesmo(a) não cometer mais crime no Japão, depois da sua deportação ao seu país de origem e do seu regresso ao Japão.

25. Explanação sobre a inclusão dos dias de detenção durante a fase de julgamento nos termos da punição

(J)   Tendo o(a) acusado(a) sido detido(a) por um tempo

そのうちの○日間は既に刑の執行を受け終わったものとします。したがって，言い渡した○年○か月の刑から実際には○日間が差し引かれることになります。

26 保護観察の説明

（裁）　保護観察というのは，国の機関である保護観察所の保護観察官の指導監督によって，被告人が再び間違いを起こすことのないように手助けする制度です。普通は毎月1回以上保護観察所に所属する保護観察官のもとにいる保護司という人と会って，被告人の日ごろの生活について指導を受けることになります。

　　　　この判決の確定後，速やかに，保護観察所に出頭して保護観察所の説明を受けてください。保護観察所では，守らなければならない事項について指示されますが，もし，この遵守事項を守らない場合には，この刑の執行猶予を取り消されることがあります。また，再び犯罪を犯して禁錮以上の刑に処せられた場合には法律上執行猶予を付けることができないので，そのようなことのないよう十分注意してください。

27 上訴権の告知

（裁）　この判決に不服がある場合には，控訴〈上告〉の申立てをすることができます。その場合には，明日から14日以内に○○高等裁判所〈最高裁判所〉あての控訴〈上告〉申立書をこの裁判所に差し出してください。

第3章　第一審における判決主文の例

1　有罪の場合

considerável, se consideram o(s) _____ dia(s) como período da pena já executada. Portanto, do período de _____ ano(s) e _____ mês(es) da sentença proferida, _____ dia(s) será(ão) descontado(s).

26. **Explicação sobre liberdade vigiada**

(J)   A liberdade vigiada é um sistema jurídico com que se dá assistência da reabilitação ao(à) acusado(a), com objetivo de o(a) mesmo(a) não cometer mais crime, sob orientação e supervisão pelo(a) oficial observador(a) e supervisor(a) da liberdade vigiada, percentente ao Instituto da Liberdade Vigiada Pós Aprisionamento, que é um instituto governamental. Geralmente o(a) acusado(a) deverá encontrar esse(a) oficial da Liberdade Vigiada, por mais que uma vez ao mês, recebendo orientação e guia sobre sua própria vida do dia a dia.

O(A) acusado(a) deverá comparecer ao posto local deste instituto e receber explanação sobre sua função, que lhe dará os ítens a serem observados. Caso o(a) mesmo(a) não observar esses ítens, haverá o caso em que sua suspensão da execução da pena possa ser revogada. Também o(a) acusado(a) não poderá estar sujeito à outra suspensão da execução da pena, caso o(a) mesmo(a) cometa outro crime e for sujeito à pena, que será mais pesada que a de detenção. Favor estar ciente deste fato e tomar bastante cuidado.

27. **Notificação do direito de recorrer à instância superior**

(J)   Caso deseje a recorrer à instância superior, o(a) acusado(a) poderá solicitar para agravar. Nesse caso, o(a) mesmo(a) deverá apresentar a solicitação do agravo a este Tribunal, destinada à Agência do Superior Tribunal de _____ (Supremo Tribunal), dentro do prazo de 14 (quatorze) dias, contando a partir de amanhã.

Capítulo 3. Exemplos de Modalidades do Termo Principal da Sentença no Tribunal da Primeira Instância

1. **Julgamento condenatório**

(1) 主刑

    ア 基本型

        ・ 被告人を懲役〈禁錮〉1年に処する。

        ・ 被告人を罰金20万円に処する。

        ・ 被告人を拘留10日に処する。

    イ 少年に不定期刑を言い渡す場合

    被告人を懲役1年以上2年以下に処する。

    ウ 併科の場合

    被告人を懲役1年及び罰金20万円に処する。

    エ 主文が2つになる場合

    被告人を判示第1の罪について懲役1年に，判示第2
の罪について懲役2年に処する。

(2) 未決勾留日数の算入

    ア 基本型

    未決勾留日数中30日をその刑に算入する。

    イ 本刑が数個ある場合

    未決勾留日数中30日を判示第1の罪の刑に算入する。

    ウ 本刑が罰金・科料の場合

    未決勾留日数中30日を，その1日を金5000円に
換算して，その刑に算入する。

    エ 刑期・金額の全部に算入する場合

        ・ 未決勾留日数中，その刑期に満つるまでの分をそ
の刑に算入する。

        ・ 未決勾留日数中，その1日を金5000円に換算
してその罰金額に満つるまでの分を，その刑に算入

(1) Pena principal
  A. Forma básica
- O(A) acusado(a) será sentenciado(a) à 1 ano de aprisionamento com trabalho forçado (detenção sem trabalho forçado)
- O(A) acusado(a) será sujeito à multa de 200,000 yens.
- O(A) acusado(a) será sentenciado(a) a detenção de 10 (dez) dias.

  B. Sentença para acusado(a) de menor
    O(A) acusado(a) será sentenciado(a) a uma pena de aprisionamento com trabalho forçado, por um período mínimo de 1 ano, não excedendo à 2 anos.

  C. Condenação cumulativa de detenção e de multa
    O(A) acusado(a) será sentenciado(a) à 1 ano de aprisionamento com trabalho forçado e uma multa de 200,000 yenes.

  D. Teor principal constituinte de duas partes
    O(A) acusado(a) será sentenciado(a) à 1 ano de aprisionamento com trabalho forçado pela primeira pena descrita no auto da sentença e por 2 anos de aprisionamento, também com trabalho forçado pela segunda pena descrita no auto da sentença.

(2) Inclusão dos dias de detenção durante a fase de julgamento nos termos de punição
  A. Forma básica
    Os 30 (trinta) dias serão descontados da pena, durante a fase de julgamento, contando a partir do número total de dias dispendidos sob detenção a fase de julgamento.

  B. Diversas penas
    Os 30 (trinta) dias serão descontados da pena, do número total de dias dispendidos sob detenção durante a fase de julgamento, aplicando-se à primeira pena constante no auto do processo.

  C. Pena principal à multa e pena pecuniária
    Do número total de dias dispendidos sob detenção durante a fase de julgamento, o equivalente a 30 dias deverão ser deduzidos do montante da multa ou pena pecuniária, sendo cada dia computado como 5,000 yens.

  D. Os dias mantidos em detenção durante a fase de julgamento serão deduzidos do período total de detenção, ou do total de multa.
- Os dias sob detenção durante a fase de julgamento serão deduzidos da pena, cobrindo todo o período de extensão da pena imposta.
- Os dias sob detenção durante a fase de julgamento serão deduzidos da multa e computados à razão de

する。

(3)　労役場留置

　ア　基本型

　　　その罰金を完納することができないときは，金５０００円を１日に換算した期間被告人を労役場に留置する。

　イ　端数の出る場合

　　　その罰金を完納することができないときは，金６０００円を１日に換算した期間（端数は１日に換算する。）被告人を労役場に留置する。

(4)　刑の執行猶予

　　　この裁判が確定した日から３年間その刑の執行を猶予する。

(5)　保護観察

　　　被告人をその猶予の期間中保護観察に付する。

(6)　補導処分

　　　被告人を補導処分に付する。

(7)　没収

　ア　基本型

　　　押収してある短刀１本（平成○○年押第○○号の１）を没収する。

　イ　偽造・変造部分の没収

　　　押収してある約束手形１通（平成○○年押第○○号の１）の偽造部分を没収する。

　ウ　裁判所が押収していない物の没収

　　　○○地方検察庁で保管中の約束手形１通（平成○○年

5,000 yens por dia e o total acumulado e compensado da multa total imposta.

(3) Detenção num campo de trabalho sem desconto da multa

A. Forma básica

Caso o(a) acusado(a) não haja a condição suficiente para efetuar pagamento dessa multa, o(a) mesmo(a) estará sujeito à detenção num campo de trabalho, durante o período, calculado por um dia equivalente a 5,000 yens.

B. Frações

Caso o(a) acusado(a) não haja condição suficiente para efetuar pagamento dessa multa, o(a) mesmo(a) estará sujeito à detenção num campo de trabalho, durante o período calculado por um dia, equivalente a 6,000 yens (as frações deverão ser calculadas como um dia).

(4) Suspensão da execução da pena

A execução da pena deverá ser suspensa por três anos, a partir do dia em que a sentença tornar-se definitiva.

(5) Liberdade vigiada (supervisionada)

O(A) acusado(a) será colocado(a) sob liberdade supervisionada durante o período da suspensão da execução da sentença.

(6) Disposição para orientação

O(A) acusado(a) será sentenciado(a) e estará sujeito à disposição da orientação.

(7) Confisco

A. Forma básica

O facão apreendido será confiscado (1 do No.＿＿ apreendido no ano ＿＿ de Heisei).

B. Confisco de falsificações ou alterações

Será confiscada a parte falsificada de uma via da nota promissória apreendida (1 do No.＿＿ apreendido no ano ＿＿ de Heisei).

C. Confisco de objetos apreendidos pelo Tribunal

Será confiscada uma via da nota promissória, em custódia na Agência da Promotoria Regional de ＿＿

○地領第○○号の1）を没収する。

　　エ　犯罪被害財産の没収

　　　　○○地方検察庁で保管中の現金８００万円（平成○○年○地領第○○号の1，当該現金は犯罪被害財産）を没収する。

(8)　追徴

　　ア　基本型

　　　　被告人から金１０万円を追徴する。

　　イ　犯罪被害財産の価額の追徴

　　　　被告人から金３００万円（当該金３００万円は犯罪被害財産の価額）を追徴する。

(9)　被害者還付

　　ア　基本型

　　　　押収してある本１冊（平成○○年押第○○号の1）を被害者Aに還付する。

　　イ　被害者不明の場合

　　　　押収してある本１冊（平成○○年押第○○号の1）を被害者（氏名不詳）に還付する。

　　ウ　被害者が死亡した場合

　　　　押収してある本１冊（平成○○年押第○○号の1）を被害者Aの相続人に還付する。

(10)　仮納付

　　被告人に対し，仮にその罰金に相当する金額を納付すべきことを命ずる。

(11)　訴訟費用の負担

(1 do No.____ da jurisdição de ____ do ano de Heisei)

D. Confisco da propriedade prejudicada pelo crime

Será confiscado o dinheiro de 8,000,000 yens, em custódia na Agência da Promotoria Regional de ____ (1 do No. ____ da jurisdição do ano ____ de Heisei).

(8) Taxa adicional

A. Forma básica

Além do confisco, o(a) acusado(a) deverá pagar uma taxa adicional de 100,000 yens.

B. Taxa adicional do valor da propriedade prejudicada, pertencente à vítima

O(A) acusado(a) deverá pagar o valor de 3,000,000 yens (equivalente ao valor da propriedade pertencente à vítima, prejudicada pelo crime cometido pelo(a) acusado(a)).

(9) Devolução do objetivo apreendido à vítima

A. Forma básica

Deverá ser devolvido à vítima, um livro apreendido (1 do No. ____ apreendido no ano ____ de Heisei).

B. Vítima não identificada

Deverá ser devolvido um livro apreendido à vítima, cujos dados pessoais não idenficados (1 do No. ____ apreendido no ano ____ de Heisei).

C. Vítima falecida

Deverá ser devolvido um livro apreendido ao(à) sucessor(a) da vítima A (1 do No. ____ apreendido no ano ____ de Heisei).

(10) Pagamento provisório da multa

O(A) acusado(a) receberá a ordem de pagamento provisório do valor, equivalente ao valor da sua multa.

(11) Despesas do processo

- ・ 訴訟費用は被告人の負担とする。
- ・ 訴訟費用は被告人両名の連帯負担とする。
- ・ 訴訟費用は，その2分の1ずつを各被告人の負担とする。
- ・ 訴訟費用のうち，証人Aに支給した分は被告人の負担とする。
- ・ 訴訟費用中通訳人○○○○に支給した分を除き，その余の分は被告人の負担とする。

(12) 刑の執行の減軽又は免除
- ・ その刑の執行を懲役1年に減軽する。
- ・ 被告人を懲役1年に処し，その刑の執行を免除する。

(13) 刑の免除

被告人に対し刑を免除する。

2 無罪・一部無罪の場合

(1) 無罪

被告人は無罪。

(2) 一部無罪

本件公訴事実中詐欺の点については，被告人は無罪。

3 その他の場合

(1) 免訴

被告人を免訴する。

(2) 公訴棄却

本件公訴を棄却する。

(3) 管轄違い

本件は管轄違い。

- As despesas do processo deverão ser cobertas pelo(a) acusado(a).
- As despesas do processo serão compartilhadas entre ambos os(as) acusados(as).
- As despesas do processo serão divididas em partes iguais e pagas pelos(as) acusados(as).
- O total pago à testemunha A deverá ser coberto pelo(a) acusado(a) como parte das despesas totais do processo.
- O(A) acusado(a) _____ deverá pagar as despesas do processo, com exceção das despesas decorrentes ao(à) intérprete.

(12) Redução ou remissão da execução da pena
- A execução dessa pena será reduzida à 1 ano de aprisionamento com trabalho forçado.
- O(A) acusado(a) será sentenciado(a) à 1 ano de aprisionamento com trabalho forçado e a execução da referida punição será remida.

(13) Remissão da punição

A punição em relação ao(à) acusado(a) será remida.

2. Julgamento absolutório, parcialmente absolutório

(1) Absolutório

O(A) acusado(a) será declarado(a) inocente.

(2) Parcialmente absolutório

O(A) acusado(a) será declarado(a) inocente quanto ao ponto de acusação pública sobre fraude.

3. Outros

(1) Cessação da demanda (do processo)

O(A) acusado(a) será exonerado(a) da causa.

(2) Rejeição da ação pública

A ação pública será rejeitada.

(3) Falta de jurisdição

Este caso não está dentro da jurisdição deste Tribunal.

第4章　控訴審における判決主文の例

1　控訴棄却・破棄

(1)　控訴棄却

・　本件控訴を棄却する。

・　本件各控訴を棄却する。

・　本件控訴中被告人○○に関する部分を棄却する。

(2)　破棄自判

・　原判決を破棄する。被告人を懲役○年○月に処する。

・　原判決中有罪部分を破棄する。被告人は無罪。

・　被告人らに対する各原判決を破棄する。被告人Aを懲役1年に，被告人Bを懲役6月にそれぞれ処する。

・　原判決中被告人○○に関する部分を破棄する。被告人○○を懲役3年に処する。

(3)　破棄差戻し

原判決を破棄する。本件を○○地方裁判所に差し戻す。

(4)　破棄移送

原判決を破棄する。本件を○○地方裁判所に移送する。

2　未決勾留日数の算入

・　当審における未決勾留日数中○○日を原判決の刑に算入する。

・　原審における未決勾留日数中○○日をその刑に算入する。

3　訴訟費用の負担

・　当審における訴訟費用中通訳人○○○○に支給した分を除き，その余の分は被告人の負担とする。

Capítulo 4. Exemplos de Modalidades do Termo Principal da Sentença no Tribunal da Segunda Instância

1. Rejeição, revogação e devolução do agravo na segunda instância

(1) Rejeição do agravo na segunda instância
- Se rejeita o agravo deste caso.
- Os respectivos agravos serão rejeitados.
- A parte referente ao(à) acusado(a) de ＿＿ será rejeitado.

(2) Revogação do julgamento sentenciado na instância anterior e outro novo sentenciamento do julgamento na segunda instância
- A sentença julgada na instância anterior será revogada. O(A) acusado(a) será sentenciado(a) à ＿＿ anos e ＿＿ meses de aprisionamento com trabalho forçado.
- A parte considerada condenatória na sentença julgada na instância anterior será revogada. O(A) acusado(a) será declarado(a) inocente.
- Respectiva sentença julgada na instância anterior contra os(as) acusados(as) será revogada. O(A) acusado(a) A será sentenciado(a) à 1 ano de reclusão com trabalho forçado. O(A) acusado(a) B será sentenciado(a) à 6 meses de reclusão com trabalho forçado.
- A sentença julgada na instância anterior contra o(a) acusado(a) será revogada. O(A) acusado(a) ＿＿ deverá cumprir uma pena de 3 anos de reclusão com trabalho forçado.

(3) Revogação do Julgamento Sentenciado na Instância Anterior e Devolução do Mesmo à Instância Anterior
A sentença julgada na instância anterior sera revogada. O presente julgamento será devolvido ao Tribunal Regional de ＿＿.

(4) Revogação do Julgamento Sentenciado na Instância Anterior e Transferência do Mesmo à Outra Instância
A sentença anterior sera revogada. O presente julgamento será transferido para o Tribunal Regional de ＿＿.

2. Inclusão dos dias de detenção durante o julgamento nos termos da punição
- Do número total de dias mantidos sob detenção durante o presente julgamento, ＿＿ dia(s) será(ão) deduzido(s) do termo de aprisionamento da sentença anterior.
- Do número total de dias mantidos sob detenção durante o julgamento da primeira instância, ＿＿ dia(s) será(ão) deduzido(s) do termo de aprisionamento da sentença.

3. Despesas do processo
- O(A) acusado(a) deverá pagar as despesas do processo decorrentes desta instância, com exceção das despesas pagas ao(à) intérprete ＿＿.

・　原審における訴訟費用中証人○○○○に支給した分
は，被告人の負担とする。

第5章　第一審における判決理由

1　罪となるべき事実

(1)　不正作出支払用カード電磁的記録供用罪及び窃盗罪の例

　　「被告人は，Ａ名義のキャッシュカードを構成する人の
財産上の事務処理の用に供する電磁的記録を不正に作出し
て構成されたＢ名義のキャッシュカードの外観を有する不
正電磁的記録カード１枚を使用して，金員を窃取しようと
企て，平成○○年６月１２日午前１１時３０分ころ，東京
都杉並区西荻窪４丁目２番５号所在のＣ銀行西荻窪支店に
おいて，前後２回にわたり，人の財産上の事務処理を誤ら
せる目的で，上記カードを同所設置の現金自動預払機に挿
入させて同カードの電磁的記録を読み取らせて同機を作動
させ，同カードの電磁的記録を人の財産上の事務処理の用
に供するとともに，同機からＣ銀行西荻窪支店長管理に係
る現金５０万円を引き出して窃取したものである。」

(2)　覚せい剤取締法違反罪の例

　　「被告人は，法定の除外事由がないのに，平成○○年４
月５日午後６時３０分ころ，山中市山田町３番６号の被告
人方において，覚せい剤であるフェニルメチルアミノプロ
パン約０．０４グラムを含有する水溶液０．２５ミリリッ
トルを自己の左腕に注射し，もって，覚せい剤を使用した
ものである。」

(3)　大麻取締法違反罪の例

· O total pago à testemunha _____ deverá ser coberto pelo(a) acusado(a) como uma parte das despesas totais do processo.

Capítulo 5. Bases para Sentença no Tribunal da Primeira Instância

1. Fato constituinte da pena

(1) O Exemplo do Crime da Fabricação e Registro Ilegal do Cartão Eletrônico para Pagamento

O(A) acusado(a) planejou um furto de dinheiro e/ou objeto, com uso de um cartão eletromagnético ilegal, com natureza do registro dos dados. Este cartão possui uma aparência de cartão de crédito em nome de B, contendo os dados eletromagnéticos ilegalmente extraídos, para processamento administrativo sobre propriedade pertencente à integrante do cartão de crédito em nome de A. O(A) acusado(a) entrou ao Banco C, à agência de Nishi Ogikubo, situada em 4-2-5, Nishi Ogikubo, Suginami-ku, Tokyo, por volta das 11 : 30 da manhã, no dia 12 de junho do ano _____ de Heisei, e inseriu duas vezes, o cartão de crédito acima descrito na máquina automática de depósito e saque (ATM), com objetivo de provocar a administração errada sobre propriedade pertencente a outro. Com essa operação, se resultou a leitura deste cartão de crédito sobre os dados registrados eletromagnéticos, com que aproveitou o processamento administrativo sobre propriedade percentente a outro, e em fim furtou 500,000 yens em dinheiro retirado desta máquina automática do depósito e saque (ATM), sob controle operacional pelo(a) diretor(a) do Banco C da Agência de Nishi Ogikubo.

(2) Violação da Lei de Controle de Entorpecente

O(A) acusado(a), sem motivo excepcional da posse legal, utilizou entorpecente por injeção no seu braço esquerdo, diluindo aproximadamente 0.04 gramas de fenil-metil-aminopropano em 0.25 mililitros de solução de água, na residência do(a) acusado(a) localizada em Yamada-cho 3-6, Yamanaka-shi, por volta das 18 : 30 horas do dia 5 de abril do ano _____ de Heisei.

(3) Violação da Lei de Controle de Maconha

「被告人は，みだりに，大麻を輸入しようと企て，大麻草７０．９４グラム（種子を含む）を自己の着用する両足靴下底にそれぞれ隠匿携帯した上，○○○○年５月３日（現地時間），Ａ国○○国際空港から○○航空０１７便の航空機に搭乗し，平成○○年５月４日午後零時３０分ころ千葉県成田市所在の成田国際空港に到着し，大麻を身につけたまま同航空機から本邦に上陸し，もって，本邦内に大麻を輸入したものである。」

(4)　麻薬及び向精神薬取締法違反罪の例

「被告人は，みだりに，平成○○年６月１０日午後６時ころ，東京都千代田区田中町３番１号の被告人方洋服ダンス内に麻薬である塩酸ジアセチルモルヒネの粉末約１０グラムを所持したものである。」

(5)　売春防止法違反罪の例

「被告人は，売春をする目的で，平成○○年１０月８日午後１１時２０分ころから同日午後１１時４５分ころまでの間，横浜市港北区新横浜２丁目５番１０号喫茶店「かおり」横付近から同区同町２丁目２番４号葵銀行新横浜支店前に至る間の路上をうろつき，あるいは立ち止まるなどし，もって，公衆の目にふれるような方法で客待ちをしたものである。」

(6)　強盗致死罪の例

「被告人は，遊興費欲しさとうっ憤晴らしのために，適当な相手を見つけて袋だたきにして所持金等を強取しようと考え，Ａ，Ｂと共謀の上，平成○○年１２月３日午前３

O(A) acusado(a), sem motivo excepcional da posse legal, planejou a importação de maconha, e embarcou no dia 3 de maio de _____ (horário local) a bordo do vôo 017 da Companhia Aérea de _____ a partir do Aeroporto Internacional de _____ do país de _____, portando 70.94 gramas de folhas de maconha, incluindo sementes, na sola da meia que estava usando. Chegando ao Aeroporto Internacional de Narita localizado em Narita-shi Chiba-ken, à 0 : 30 hora da madrugada do dia 4 de maio do ano _____ de Heisei, desembarcou portando a maconha junto a si, com isto importou a citada droga neste país.

(4) Exemplo da Violação da Lei de Controle sobre Narcóticos e Psicoativa

O(A) acusado(a), possuia 10 gramas de heroína na guarda-roupa da sua residência localizada em 3-1, Tanaka-cho, Chiyoda-ku, Tokyo, por volta das 18 : 00 horas do dia 10 de junho do ano _____ de Heisei.

(5) Violação da Lei de Anti-Prostituição

O(A) acusado(a), rondava ou parava etc.com intenção de se prostituir, na rua próxima entre casa de café "Kaori" localizada em 2-5-10, Shin-Yokohama, Kouhoku-ku, Yokohama-shi, e Agência de Shin-Yokohama do Banco Aoi localizada em 2-2-4, Shin-Yokohama, à espera da freguesia de uma forma notável em público, entre 23 : 20 horas a 23 : 45 horas do dia 8 de outubro do ano _____ de Heisei.

(6) Assalto resultando em Morte

O(A) acusado(a) pensou em roubar dinheiro e bens de qualquer pessoa, surrando-a por querer dinheiro para a sua diversão e também soltar o seu próprio ressentimento. E, em conspiração com os cúmplices A e B, agrediu o(a) C(20 anos na ocasião) que passava casualmente na rua próximo a 14-1, Takahana-cho, Omiya-ku, Saitama-shi, por volta das 3 : 10 horas da madrugada do dia 3 de

時１０分ころ，さいたま市大宮区高鼻町１４番１号付近の路上において，たまたま通りかかったＣ（当時２０歳）に対し，被告人，Ａ，Ｂにおいてこもごも，その顔面，頭部，腹部等を多数回にわたってこぶしで殴り，力一杯蹴り付けるなどの暴行を加えた上，Ａにおいて，抵抗できなくなったＣからその所有する現金３万２０００円くらいが入った財布１個を奪い取ったが，その際前記各暴行によって，Ｃに対し左側急性硬膜下血腫，脳挫傷，外傷性くも膜下血腫の傷害を負わせ，同月１３日午後４時１２分ころ，さいたま市大宮区盆栽町２丁目３番２号大宮病院において，それらの傷害により同人を死亡させたものである。」

(7) 自動車運転過失傷害罪の例

「被告人は，平成○○年９月１２日午前９時３０分ころ，普通乗用自動車を運転し，東京都武蔵野市吉祥寺東町３１番地付近道路先の左方に湾曲した道路を荻窪方面から三鷹方面に向かい時速約５０キロメートルで進行していた。こういった場合，自動車運転者としては前方を注視し，ハンドル操作を正しく行って進路を適正に保って進行すべき自動車運転上の注意義務がある。しかしながら，被告人は足元に落とした地図を拾うのに気を奪われたためこの注意義務に違反して，前方注視を欠き，ハンドルから一瞬手を離したまま，時速約５０キロメートルで進行するという過失を犯した。このため，車は対向車線に進入して，対面進行してきたＡ運転の大型貨物自動車の右側面に衝突した上，その衝撃で更に前方に進出して，Ａ運転車両の後方から進

dezembro do ano ＿＿＿ de Heisei, dando-lhe socos e chutando-o com toda a força por várias vezes no rosto, cabeça e na região abdominal, e além do mais, A roubou 1 carteira contendo 32,000 yens do(a) C que estava sem resistência. Em consequência à agressão supracitada causou ao(à) C hematoma subdural agudo do lado esquerdo, contusão cerebral e hematoma subaracnóideo, fazendo-o(a) falecer por estes ferimentos, por volta das 4 : 12 horas da tarde do dia 13 do mesmo mês no hospital localizado em 2-3-2, Bonsai-Cho, Omiya-ku, Saitama-shi.

(7) Ferimento corporal através da conduta negligente durante o exercício da função

O(a) acusado(a), dirigiu o automóvel de passeio, com uma velocidade de 50 quilômetros por hora numa rua encurvada para o lado esquerdo nas proximidades de 31, Higashi-cho, Kichijoji, Musashino-shi, Tokyo na direção de Ogikubo para Mitaka por volta das 9 : 30 horas da manhã do dia 12 de setembro do ano ＿＿＿ de Heisei. Nesta situação, o(a) acusado(a), como condutor(a) do veículo, cabe o dever de dirigir com atenção e cuidado observando a sua frente, manuseando o volante corretamente e mantendo o curso adequadamente. Entretanto o(a) acusado(a) violou o dever de dirigir com atenção e cuidado, ocupando-se em pegar o mapa que caíra no chão, cometendo a negligência tirando as mãos por um instante do volante, sem olhar atento a sua frente, e seguindo com uma velocidade de 50 quilômetros por hora. Por esta razão, o carro entrou na pista oposta, colidiu no lado direito do caminhão de carga de grande porte dirigido pelo(a) A que vinha do sentido oposto. Ainda mais, devido a esta colisão seguiu mais adiante, e colidiu na parte anterior direita do caminhão de carga

行してきたＢ（当時５５歳）運転の普通貨物自動車の右前部に衝突した。その結果，Ｂに加療約２００日間を要する右股関節脱臼骨折の傷害を負わせたものである。」

(8) 傷害罪の例

「被告人は，平成○○年９月２日午後１時５分ころ，横浜市港南区日野南３丁目６番１７号先路上で，通行中のＡ（当時６２歳）に「おまえ，どこを歩いとるんじゃ。」などと因縁をつけ，こぶしでその顔を２回殴って転倒させ，その上に馬乗りになって更にその顔をこぶしで数回殴った。この暴行により，Ａに約５日間の加療を要する右肘部挫滅傷，顔面挫滅傷の傷害を負わせたものである。」

(9) 詐欺罪の例

「被告人は，不正に入手した平和カード株式会社発行のＡ名義のクレジットカードを使用してその加盟店から商品をだまし取ろうと企て，平成○○年４月５日午前１１時１５分ころ，東京都中央区中村町３番先中村ショッピングセンター１階株式会社中村銀座店において，同店店長Ｂに対し，代金支払の意思及び能力がないのに，自己がクレジットカードの正当な使用権限を有するＡであって，クレジットカードシステムによって代金の支払をするもののように装い，前記クレジットカードを提示してスーツ等３点の購入を申し込み，前記Ｂをしてその旨誤信させ，よって即時同所において，同人からスーツ等３点（価格合計７万３７００円相当）の交付を受けてこれをだまし取ったものである。」

normal dirigido pelo(a) B(55 anos na ocasião) que vinha por trás do veículo dirigido pelo(a) A. Em consequência, o(a) acusado(a) causou fratura e deslocamnto da articulação coxofemoral ao(à) B que necessitou de aproximadamente 200 dias para o tratamento médico.

(8) Ferimento Corporal

O(a) acusado(a) arranjou um pretexto para brigar com A (62 anos na ocasião) que transitava na proximidade da rua, situada em 3-6-17, Hino-Minami, Konan-ku, Yokohama-shi, por volta da 1 : 05 hora da tarde do dia 2 de setembro do ano _____ de Heisei, dizendo-lhe "O, cara, onde pensa que está andando !", etc, e deu-lhe socos no rosto por duas vezes fazendo-o(a) cair, e ainda mais pôs-se escarranchado sobre o(a) A dando-lhe socos por várias vezes no rosto. Em consequência desta agressão, tal causou-lhe contusão no cotovelo direito e na face que necessitou de aproximadamente 5 (cinco) dias para o tratamento médico.

(9) Fraude

O(a) acusado(a) obteve de forma ilegal, um cartão de crédito em nome de A, emitido pela Heiwa Card Inc., planejando a compra de artigos em lojas afiliadas a este sistema de crediário, de forma fraudulenta. As 11 : 15 horas da manhã do dia 5 de abril do ano _____ de Heisei, assumindo a identidade de A que goza de boa reputação, o acusado apresentou-se na loja Nakamura S/A situada em Ginza, localizada no primeiro andar do Shopping Center Nakamura, situado em 3, Nakamura-cho, Chuo-ku, Tokyo, para compra de três objetos, incluindo um terno, e apresentou o cartão de crédito acima descrito ao(à) gerente B da loja, como meio de pagamento a compra efetuada, num montante de 73,700 yens. Enganando portanto, o(a) gerente B, o(a) acusado(a) apossou-se dos artigos, constituindo assim a fraude.

(10)　殺人罪の例（確定的故意の場合）

　　「被告人は，Ａ（当時６２歳）に雇われ，東京都江東区
　山中町５丁目２番４号所在の同人方に住み込んでいたもの
　であるが，被告人が通行人に罵声を浴びせたのを前記Ａか
　ら叱責されて口論のあげく激高し，とっさに，同人を殺害
　しようと決意し，平成○○年３月８日午後７時ころ，同人
　方６畳間の押し入れの中から刃体の長さ１３センチメート
　ルのくり小刀を持ち出して携え，同所において，左手で前
　記Ａの襟首をつかんで引き寄せながら，右手に持っていた
　前記くり小刀で同人の左胸部を突き刺し，同人がその場か
　ら逃げ出すや，追跡して同人方前路上でこれに追い付き，
　同所において，更に前記くり小刀で同人の左背部を突き刺
　し，よって，同人をして心臓刺切に基づく失血により即死
　させて殺害したものである。」

(11)　殺人罪の例（未必的故意の場合）

　　「被告人は，かねて，東京都千代田区山中２丁目８番９
　号所在のスナック「隼」の店員Ａ（当時３０歳）から軽蔑
　の目でみられていることに憤まんの情を抱いていたところ，
　平成○○年８月７日午後１時３０分ころ，前記「隼」にお
　いて，客として，前記Ａにビールを注文したにもかかわら
　ず，同人から「今日は帰れ。」と断られた上，刺身包丁を
　示され，「刺すなら刺してみろ。」と言われ，小心者と馬
　鹿にされたものと激高し酒の酔いも加わった勢いから，と
　っさに，同人が死亡する危険性が高い行為と分かっていな
　がら，持ち合わせていた登山用ナイフ（刃体の長さ１０セ

(10) Assassinato (dolo determinado)

O(a) acusado(a), foi empregado(a) por A(62 anos na época), e passou a domiciliar na sua residência localizada em 5-2-4, Yamanaka-cho, Koto- ku, Tokyo. Como o(a) acusado(a) gritou a um transeunte de uma forma indevida, foi repreendido pelo(a) A acima descrito(a), e passaram a discutir e imediatamente decidiu tirar-lhe a vida. O(a) acusado(a) retirou do armário existente no cômodo de dimensão equivalente a seis tatamis, uma faca com 13 centímetros de lâmina, e por volta das 19 : 00 horas do dia 8 de março do ano _____ de Heisei, agarrou o pescoço do(a) A acima descrito(a) com a mão esquerda, e com a faca acima descrita na mão direita, atacou o peito esquerdo da vítima. Quando A tentou escapar para preservar a sua vida, o(a) acusado(a) alcançou-o(a) na rua em frente a sua residência, atacou-o(a) novamente, atingindo desta vez a costa esquerda superior. A vítima teve o seu coração perfurado e veio a falecer instantaneamente por hemorragia, constituindo assim o assassinato.

(11) Assassinato (dolus eventualis)

O(a) acusado(a) curtia um ressentimento contra o(a) funcionário(a) A (30 anos na ocasião) do bar "Hayabusa" localizado em 2-8-9, Yamanaka, Chiyoda- ku, Tokyo, por ter sido olhado(a) com desprezo. Quando o(a) acusado(a) visitou "Hayabusa" acima descrito como cliente às 13 : 30 horas da tarde do dia 7 de agosto do ano _____ de Heisei, "A" acima descrito(a) recusou-lhe a servir uma garrafa de cerveja que havia sido solicitada, dizendo-lhe "Vá embora, hoje" e apontando para a faca utilizada no preparo de peixe cru, desafiou-o(a) dizendo-lhe : "Perfure-me se for capaz". O(a) acusado(a), indignado(a) por ser ridicularizado(a) pela sua timidez, e apesar de estar ciente do alto risco de morte por A, pegou uma faca com lâmina de 10 centímetros utilizada para escalar montanhas, atingiu o lado direito inferior do

ンチメートル）で，同人の右下腹部を１回突き刺し，よって同月８日午前２時５分ころ，同区北川５丁目８番８号田中病院において同人を右腎等刺切による失血のため死亡させ，もって，同人を殺害したものである。」

(12)　銃砲刀剣類所持等取締法違反罪の例

「被告人は，法定の除外事由がないのに，平成○○年６月７日午後７時ころ，横浜市田中町１丁目２番３号付近路上に停車していた自己所有の普通乗用自動車内において，回転弾倉式けん銃１丁をこれに適合する実砲１９発と共に保管して所持したものである。」

(13)　出入国管理及び難民認定法違反罪の例

「被告人は，○○国国籍を有する外国人であり，平成○○年３月１０日，同国政府発行の旅券を所持して，千葉県成田市所在の成田国際空港に上陸し，我が国に入国したが，在留期間が平成○○年４月１０日までであったのに，その日までに在留期間の更新又は変更を受けないで我が国から出国せず，平成○○年５月１１日まで，神奈川県大和市大和町２丁目１４９番地に居住し，もって，在留期間を経過して不法に本邦に残留したものである。」

(14)　窃盗罪（万引）の例

「被告人両名は，共謀の上，平成○○年３月４日午後零時４５分ころ，東京都豊島区北山町１番２号株式会社北山池袋店において，同店店長Ａ管理のシャープペンシル３８本など合計８４点（定価合計３万０８５０円相当）を窃取したものである。」

abdomen. A vítima "A" veio a falecer por hemorragia por perfuração do rim direito etc, no Hospital Tanaka localizado em 5-8-8, Kitagawa, Chiyoda-ku, por volta das 2 : 05 horas da madrugada de 8 de agosto. Constitui portanto um assasinato.

(12) Violação da Lei do Controle sobre Posse e outro da Arma de Fogo e Espada

O(a) acusado(a), sem motivo excepcional da posse legal, portava no seu automóvel estacionado na rua próximo a 1-2-3, Tanaka-cho, Yokohama-shi, por volta das 19 : 00 horas da noite de 7 de junho do ano ____ de Heisei, um revólver, além de 19 balas adaptável ao citado revólver.

(13) Violação da Lei de Controle da Imigração e da Autorização dos Refugiados

O(A) acusado(a), estrangeiro(a) com nacionalidade ____ , entrou neste país portando o passaporte emitido pelo Governo do país de ____ , através do Aeroporto Internacional de Narita situado na cidade de Narita, Província de Chiba, no dia 10 de março do ano ____ de Heisei. O período permitido para permanência era até o dia 10 de abril do ano ____ de Heisei, entretanto não fez procedimento algum para renovar ou alterar o período de permanência, e continuou permanecendo no Japão sem sair do país, residindo em 2-149, Yamato-cho, Yamato-shi, Kanagawa-ken, por um período excedendo o último dia autorizado no seu passaporte ou seja ultrapassando a data de 10 de abril do ano ____ de Heisei até 11 de maio do ano ____ de Heisei, constituindo permanência ilegal no país por um período superior ao pemitido em seu passaporte.

(14) Furto (furto na loja)

Ambos(as) os(as) acusados(as) conspiraram e executaram o furto de 84 ítens incluindo 38 lapizeiras (avaliados num total de 30,850 yens), junto à loja Kitayama S/A, filial de Ikebukuro, localizada em 1-2, Kitayama-cho, Toshima-ku, Tokyo, administrado pelo(a) A, às 12 : 45 horas de 4 de março do ano ____ de Heisei.

(15) 窃盗罪（すり）の例

「被告人両名は，共謀の上，平成○○年3月4日午後4時54分ころ，東京都台東区山下町1番2号付近路上で，被告人Xにおいて，通行中のA（当時30歳）が右肩に掛けていたショルダーバッグ内から，同人所有の現金4万3759円及びキャッシュカード等6点在中の札入れ1個（時価約1万円相当）を抜き取って，これを窃取したものである。」

(16) 教唆の例（窃盗）

「被告人は，平成○○年3月4日午後2時ころ，東京都千代田区北山町3番6号A方前路上において，Xに対し，「明日はこの家は留守になる。裏の戸はいつも開いているから，何か金目のものを取ってこい。」と申し向けて前記A方から金品を窃取するようにそそのかし，Xをしてその旨決意させ，よって，同月5日午後3時ころ，前記A方において，同人所有の腕時計1個（時価20万円相当）を窃取するに至らせ，もって，窃盗の教唆をしたものである。」

(17) 幇助の例（窃盗）

「被告人は，Xが，平成○○年3月4日午後3時ころ，東京都千代田区北山町3番6号A方において腕時計1個（時価20万円相当）を窃取するに際し，A方前路上でXのため，見張りをし，もって，同人の犯行を容易ならしめてこれを幇助したものである。」

2 証拠の標目

判示第1の事実について

(15) Roubo (batimento de carteira)

Ambos(as) os(as) acusados(as) conspiraram e executaram o furto de 1 carteira (avaliada aproximadamente em 10,000 yens) contendo 43,759 yens em dinheiro e mais 6 ítens incluindo 1 cartão de crédito e outro, pertencente a A (30 anos na ocasião). O (a) acusado(a) X roubou esta carteira de dentro da bolsa a tira-colo, carregada do ombro direito do(a) A que transitava na rua próximo a 1-2, Yamashita-cho, Taito- ku, Tokyo, por volta das 16 : 45 horas do dia 4 de março do ano _____ de Heisei.

(16) Solicitação para incitação indébita (roubo)

O(a) acusado(a) incitou X a efetuar o furto de dinheiro e de outros artigos de valor na residência de A, informando-lhe : "Todas as pessoas desta casa estarão ausentes amanhã. A porta do fundo está sempre aberta. Vá e traga o que seja de valor". Com estas palavras ditas na rua em frente da residência de A, localizada em 3-6, Kitayama-cho, Chiyoda-ku, Tokyo, por volta das 14 : 00 horas do dia 4 de março do ano _____ de Heisei, o(a) acusado(a) incitou X ao roubo. Em consequência, X furtou um relógio de pulso (avaliado em 200,000 yens) de propriedade de A, assaltando a casa em questão, por volta das 15 : 00 horas do dia 5 de março. O(a) acusado(a), portanto, incitou uma outra pessoa ao roubo.

(17) Co-participação na incitação (roubo)

Quando X roubou o relógio de pulso (avalíado em 200,000 yens) da residência de A localizada em 3-6, Kitayama-cho, Chiyoda-ku, Tokyo por volta das 15 : 00 horas do dia 4 de março do ano _____ de Heisei, o(a) acusado(a) tomou o produto de furto de X na rua em frente à casa de A, olhando para situação por X e constituindo assim a co-participação no roubo.

2. Lista de Evidência

Para o primeiro fato constituinte desta acusação

- 被告人の当公判廷における供述
- 被告人の検察官に対する平成○○年２月１５日付け供述調書
- 証人Ａの当公判廷における供述
- Ｂの検察官に対する供述調書
- Ｃの司法警察員に対する供述調書（謄本）
- Ｄ作成の被害届
- 司法警察員作成の実況見分調書
- 司法巡査作成の平成○○年１月２２日付け捜査報告書
- 鑑定人Ｅ作成の鑑定書
- 押収してある覚せい剤１袋（平成○○年押第○○号の１）
- ○○地方検察庁で保管中のけん銃１丁（平成○○年○地領第○○号の１）
- 分離前の相被告人Ｙの当公判廷における供述
- 第３回公判調書中の証人Ａの供述部分
- 証人Ｃに対する当裁判所の尋問調書
- 証人Ｄに対する受命裁判官の尋問調書
- 当裁判所の検証調書
- 医師Ｆ作成の診断書

3 累犯前科

「被告人は，平成○○年３月２６日○○簡易裁判所で窃盗罪により懲役８月に処せられ，平成○○年１１月２６日その刑の執行を受け終わったものであって，この事実は検察事務官作成の前科調書によってこれを認める。」

- Depoimento do(a) acusado(a) efetuado nesta audiência
- Auto do depoimento efetuado pelo(a) acusado(a) no dia 15 de fevereiro do ano _____ de Heisei, perante o(a) promotor(a) público(a).
- Depoimento da testemunha A nesta audiência.
- Auto do depoimento efetuado pelo(a) B perante o(a) promotor(a) público(a).
- Transcrição do auto do depoimento efetuado pelo(a) C perante o(a) oficial policial judicial.
- Boletim de ocorrência elaborado por D.
- Auto da vistoria elaborado pelo(a) oficial policial judicial.
- Relatório escrito de investigação datado em 22 de janeiro do ano _____ de Heisei, elaborado pelo(a) junsa, que é menos competente que oficial policial judicial.
- Relatório escrito de perícia elaborado pelo(a) perito E.
- Um saco plástico apreendido contendo entorpecente (1 do No. _____ apreendido no ano _____ de Heisei).
- Um revólver (1 do No. _____ da jurisdição de _____ do ano _____ de Heisei) mantido, em custódia na Agência da Promotoria Regional de _____.
- Depoimento do co-acusado (a) Y efetuado nesta audiência, antes da partição do processo.
- Uma parte do depoimento da testemunha A, registrada na 3ª. audiência.
- Auto de inquirição da testemunha C perante este Tribunal.
- Auto de inquirição da testemunha D perante o(a) juiz(a) nomeado(a).
- Auto de inspeção compulsória pelo presente Tribunal
- Atestado médico elaborado pelo(a) médico(a) F.

3. **Registro de Antecedentes com possiblidade de aumentar a penalidade máxima prescrita**

Conforme o auto do registro criminal elaborado pelo(a) oficial da Agência da Promotoria Pública, este Tribunal constata que o(a) acusado(a) foi sentenciado(a) pelo Tribunal Sumário de _____ à oito meses de aprisionamento com trabalho forçado por furto, em 26 de março do ano _____ de Heisei e a sentença foi cumprida em 26 de novembro do ano _____ de Heisei.

4　確定判決

「被告人は，平成○○年３月１０日○○地方裁判所で傷害罪により懲役１年に処せられ，その裁判は同月２５日確定したものであって，この事実は検察事務官作成の前科調書によってこれを認める。」

5　法令の適用

「被告人の判示所為は刑法１９９条に該当するところ，所定刑中有期懲役刑を選択し，その刑期の範囲内で被告人を懲役８年に処し，同法２１条を適用して未決勾留日数中１２０日をその刑に算入し，押収してある刺身包丁１本（平成○○年押第○○号の１）は判示犯行の用に供した物で被告人以外の者に属しないから，同法１９条１項２号，２項本文を適用してこれを没収し，訴訟費用は，刑事訴訟法１８１条１項ただし書を適用して被告人に負担させないこととする。」

6　量刑の理由

出入国管理及び難民認定法違反の例

・　本件は，Ｙ国国民である被告人が，定められた在留期間を越えて不法に我が国に残留したという事案である。

・　被告人が我が国に不法に残留した期間が２年余りの長期であることなどに照らすと，被告人の刑事責任は重い。

・　他方で，被告人は，本件犯行について反省の態度を示し，今後は，本国に帰って，まじめな生活を送りながら，立ち直っていくことを誓っていること，被告人と生活を共にしていた婚約者が，被告人の本国で被告人と結婚して共に生活する気持ちでおり，被告人に対する寛大な処

4. **Sentença definitiva (irrevogável)**
    Conforme o auto do registro criminal elaborado pelo(a) oficial da Agência da Promotoria Pública, este Tribunal constata que o(a) acusado(a) foi sentenciado(a) pelo Tribunal Regional de _____ à um ano de aprisionamento com trabalho forçado por lesão corporal em 10 de março do ano _____ de Heisei, e a sentença tornou-se irrevogável em 25 de março do mesmo mês.
5. **Exemplo de aplicação da provisão legal**
    O ato cometido pelo(a) acusado(a) constitui uma violação do artigo 199 do Código Penal. Após eleger o termo de aprisionamento com trabalho forçado entre os tipos de sentença providos neste artigo, o Tribunal sentencia o(a) acusado(a) à 8 anos de aprisionamento com trabalho forçado. Aplicando-se o artigo 21 do Código Penal, 120 dias serão deduzidos do número total da pena para compensar os dias de detenção durante a fase de julgamento. A faca de cozinha (1 do No. _____ apreendido no ano _____ de Heisei) pertencente ao(a) acusado(a) e utilizada para cometer a ofensa, será confiscada conforme termos de 2 do inciso 1 do artigo 19 e o inciso 2 do referido Código. O(a) acusado(a) será eximido(a) do pagamento das despesas do processo conforme o inciso 1 do artigo 181 do Código do Processo Penal.
6. **Razão da medida da pena**
    Exemplo de Violação da Lei de Controle da Imigração e da Autorização dos Refugiados
    · Este é um caso no qual o(a) acusado(a) de nacionalidade Y, permaneceu ilegalmente no Japão além do período autorizado.
    · Comparando-se ao fato de ter permanecido ilegalmente no Japão por mais de 2 anos, a responsabilidade penal do(a) acusado(a) é pesada.
    · Por outro lado, o(a) acusado(a) expressa arrependimento em relação ao presente caso criminal, e prometeu que iria retornar ao seu país de origem, levar uma vida honesta e reabilitar-se. Sua(seu) noiva(o) que morava com o(a) acusado(a), deseja casar-se com o(a) acusado(a) no seu país de origem e protesta para lhe

罰を訴えていることなど，被告人にとって酌むべき事情
もある。

・　そこで，これらの事情を総合して主文のとおり刑を量
定した。

第6章　控訴審における判決理由

1　理由の冒頭部分

本件控訴の趣意は，弁護人甲作成名義〈検察官乙提出〉の
控訴趣意書記載のとおりであり，これに対する答弁は，検察
官乙作成名義〈弁護人甲作成名義〉の答弁書記載のとおりで
あるから，これらを引用する。

控訴趣意中量刑不当〈事実誤認，訴訟手続の法令違反，理
由不備〉の主張（論旨）について

2　理由の本論部分

(1)　控訴棄却

所論は，要するに，被告人には，本件輸入に係る物品が
覚せい剤であるとの認識がなかったのであるから，被告人
にその認識があったとして覚せい剤輸入の罪の成立を認め
た原判決には，判決に影響を及ぼすことが明らかな事実の
誤認があるというのである。しかし，原判決挙示の各証拠
によると，被告人は，本件に至るまで，貨物船○○の船員
として約20回日本国と○○国との間を往復している者で
ある上，○○国において船員としての教育を受けるに当た
り，覚せい罪等の密輸が禁止されていることや関税関係法
規等についての知識を得ていることが認められるから，覚
せい剤が概ねどのような物品であるかを承知していたと推

dar uma pena generosa ao(a) acusado(a). Estas são as circunstâncias atenuantes ao(à) acusado(a).

· Considerando todas estas circunstâncias, o Tribunal determinou a sentença como foi pronunciada no termo principal.

Capítulo 6. Bases para Sentença na Segunda Instância

1. Parte inicial do Motivo

A finalidade do agravo para presente caso é conforme consta no Termo de Declaração com a Justificativa do agravo confeccionado pelo(a) defensor(a) A (apresentado(a) ao(à) promotor(a) B). A resposta em relação a esta Declaração (confeccionado pelo(a) defensor(a) A) é conforme consta na Declaração de Resposta confeccionado pelo(a) promotor(a) B. Portanto, o Tribunal faz a citação desses documentos.

A respeito da alegação (ponto do argumento) sobre medida da pena injusta «erro na busca do fato/violação da legislação de procedimento judicial/ reconhecimento errado de fato» dentre os motivos do agravo.

2. Parte principal da Base

(1) Rejeição do agravo na segunda instância

A essência da Declaração com a Justificativa do agravo é como segue : o(a) acusado(a) não tinha conhecimento do produto importado do presente caso ser entorpecente, entretanto na sentença julgada da instância anterior reconheceu o crime de importação de entorpecetente como se o(a) acusado(a) tivesse tal conhecimento, assim há um erro na busca do fato com clara influência na sentença. Entretanto, baseando-se nas evidências da sentença julgada na instância anterior, pode-se reconhecer que o(a) acusado(a), tripulante do navio cargueiro _____ , navegou entre o país de _____ e Japão cerca de 20 vezes até chegar ao presente caso e além do mais, ao receber treinamento como marinheiro do país de _____ , obteve conhecimento sobre leis concernentes à alfândega, proibição de importação de entorpecente. Portanto

認されるところである。そして，このことを前提として，甲から本件物品の運搬を依頼された際の物品の運搬ないし引渡しの方法についての指示内容が極めて密行性を帯びたものであったこと，被告人は本件物品がビニール製5袋に分けられた白色の結晶状を呈した物質であることを確認していること，搬入の手段，方法が覚せい剤等を持ち込む際によく行われる典型的な隠匿運搬方法を採っていること，その他本件発覚前後の証拠隠滅工作，被告人の捜査官に対する供述の内容等記録によって認められる諸事情をも考え合わせると，本件物品が覚せい剤であるとは知らなかったという被告人の弁解は到底信用できるものではなく，本件輸入の際，被告人は本件物品が覚せい剤であるとの認識を有していたと認めるのが相当である。

したがって，原判決がその挙示する各証拠を総合して原判示事実を認定したことは相当であり，原判決に事実誤認はないから，論旨は理由がない。

(2) 破棄自判

所論は，要するに，被告人を禁錮1年6月に処した原判決の量刑は重すぎて不当であるというのである。

記録によれば，本件事故は，被告人が前車の発進に気を許し左方の安全を確認することなく発進進行した過失により，折から横断歩道上を自転車に乗って進行していた被害者に自車を衝突転倒させ死亡させたというものであって，過失及び結果の重大性にかんがみると，所論指摘の被告人に有利な事情を十分考慮しても，原判決の量刑は，その宣

podemos admitir que o(a) acusado(a) tinha conhecimento sobre o tipo de substância que seria entorpecente. Baseadas nas circunstâncias a seguir a justificativa do(a) acusado(a) não é convincente : quando o (a) acusado(a) foi requisitado(a) por A a transportar o material em questão, e as instruções dadas sobre a maneira de transportar e entregar foram feitas em sigilo ; o(a) acusado(a) havia certificado de que o material em questão era substância branca cristalina dividida em 5 sacos de prástico ; a maneira que o material foi transportado dentro do Japão é um método típico de sonegação para transportar entorpecente e outro tipo de drogas ; outros fatores adicionais como manobra do(a) acusado(a) para destruir e ocultar a evidência antes e após ao presente caso vir à tona, e declaração do(a) acusado(a) feita perante os investigadores.

Portanto, este Tribunal faz o pronunciamento de que foi apropriada a sentença julgada na instância anterior em ter reconhecido os fatos citados baseadas em todas as evidências listadas, não havendo nenhum erro na busca de fatos. Sendo assim, não há razão para este agravo.

(2) Revogação do julgamento sentenciado na instância anterior e outro novo sentenciamento do julgamento na segunda instância

O argumento apresentado neste agravo, em resumo, é de que a sentença julgada na instância anterior de 1 ano e 6 meses de aprisionamento é injusta e severa. Segundo o registro, o presente acidente ocorreu como a seguir : o(a) acusado(a), enquanto dirigia o automóvel, colidiu o seu veículo com a vítima que estava andando de bicicleta numa faixa de segurança para pedestres, fazendo-a cair, vindo a falecer, devido à negligência do(a) acusado(a) em ter dado o arranque do citado veículo sem conferir-lhe a segurança à sua esquerda, por ter se distraído no arranque do veículo à sua frente. Considerando a sua negligência e gravidade da consequência, e mesmo tendo estudado as circunstâncias atenuantes ao(à) acusado(a), a medida da

告時においては相当であったと認めることができる。

　しかし，当審事実取調べの結果によれば，原判決後，被害者の遺族との間に，さらに任意保険等から・・・・・合計２０００万円を支払うことで示談が成立していること，示談の成立に伴い被害感情は一層和らぎ，被害者の遺族から寛大な処分を望む旨の上申がなされるに至っていることなどの事情が認められ，これによれば，原判決の量刑は，現時点においては刑の執行を猶予しなかった点において重きに失し，これを破棄しなければ明らかに正義に反するといわなければならない。

3　法令の適用部分

(1)　控訴棄却

　よって，刑訴法３９６条により本件控訴を棄却し，刑法２１条により当審における未決勾留日数中５０日を原判決の刑に算入し，当審における訴訟費用は刑訴法１８１条１項本文を適用して被告人に負担させることとし，主文のとおり判決する。

(2)　破棄自判

　よって，刑訴法３９７条２項により原判決を破棄し，同法４００条ただし書により更に次のとおり判決する。

　原判決が認定した罪となるべき事実に原判決と同一の法令を適用（科刑上一罪の処理，刑種の選択を含む。）し，その刑期の範囲内で被告人を懲役２年１０月に処し，刑法２１条により原審における未決勾留日数中５０日をその刑に算入し，原審及び当審における訴訟費用は刑訴法１８１

pena da sentença julgada na instância anterior na ocasião, pode ser reconhecida como apropriada.

Entretanto, segundo o resultado de exame de fatos do presente Tribunal, após a sentença julgada na instância anterior foi concretizado o acordo entre a família da vítima e por parte do(a) acusado(a), efetuando um pagamento num total de 20 milhões de yens acrescentando o valor pago pelo seguro facultativo. E como o sentimento da família da vítima acerca do acidente foi abrandado, a família da vítima expos um parecer ao Tribunal desejando uma punição generosa. Reconhecendo estas circunstâncias, no presente momento, a medida da pena dada pela sentença julgada na instância anterior deveria ser considerada severa, sob o ponto de que a sentença julgada na instância anterior não suspenderá a execução da pena. Seria claramente injusto se caso não revogá-la.

3. Parte da aplicação da legislação

(1) Rejeição do agravo na segunda instância

Em consequência, o presente caso do agravo é rejeitado conforme o artigo 396 do Código do Processo Penal, e de acordo com o artigo 21 do Código Penal, 50 dias do total de número de dias mantidos sob detenção durante a fase do presente julgamento será deduzido do período da pena da sentença julgada na instância anterior. Aplicando o termo principal do inciso 1 do artigo 181 do Código do Processo Penal, o(a) ausado(a) deverá assumir as despesas do processo. Assim, o Tribunal sentencia conforme o seu termo principal.

(2) Revogação do julgamento sentenciado na instância anterior e outro novo sentenciamento do julgamento na segunda instância

Em consequência, a sentença julgada na instância anterior será revogada conforme o inciso 2 do artigo 397 do Código do Processo Penal, e será anunciada a seguinte sentença de acordo com o inciso do artigo 400 do mesmo Código : O presente Tribunal aplica a mesma lei que da sentença julgada na instância anterior (incluindo a aplicação de crime conexo, e escolha do tipo de punição), e para os mesmos fatos constituintes da criminalidade reconhecidos na sentença julgada na instância anterior, e sob o limite do período da pena, sentencia o(a) acusado(a) à uma pena de 2 anos e 10 meses de aprisionamento com trabalho forçado. E conforme o

条1項ただし書を適用して被告人に負担させないこととし，主文のとおり判決する。

(3) 破棄差戻し

よって，刑訴法３９７条１項，３７７条３号により原判決を破棄し，同法４００条本文により本件を原裁判所である○○簡易裁判所に差し戻すこととし，主文のとおり判決する。

artigo 21 do Código Penal, serão deduzidos do período da pena, os 50 dias do total de número de dias mantidos sob detenção durante a fase do julgamento original. Aplicando o termo principal do inciso 1 do artigo 181 do Código do Processo Penal, o(a) acusado(a) será eximido(a) das despesas do processo decorrentes da instância anterior e desta instância. Assim o Tribunal sentencia conforme o seu termo principal.

(3) Revogação do Julgamento Sentenciado na Instância Anterior e Devolução do Mesmo à Instância Anterior

Em consequência, a sentença julgada na instância anterior será revogada conforme o inciso 1 do artigo 397, o inciso 3 do artigo 377 do Código do Processo Penal, e de acordo com o termo principal do artigo 400 do mesmo Código, o presente julgamento será devolvido ao Tribunal de instância anterior que vem a ser Tribunal Sumário de _____ . Assim o Tribunal pronuncia a sentença conforme o seu termo principal.

第4編

法律用語等の対訳

第4編　法律用語等の対訳

第1章　法律用語の対訳

【あ　行】

・相被告人	・Co-acusado
・あおる	・incitar
・アリバイ	・álibi
・アルコール中毒	・alcoólismo
・言い渡す	・sentenciar
・異議	・contradita
・異議の申立て	・contestar ; recorrer
・意見陳述	・alegação
・移送（被告事件の）	・transferência de caso
・移送（被告人の）	・transferência de acusado(a)
・一事不再理	・suspensão do processo iniciado referente ao caso no qual o Tribunal havia finalizado
・遺伝	・genética
・居直り強盗	・um ladrão que se torna violento(a) (por ter sido descoberto(a) em decorrência de um fato inesperado)
・違法収集証拠	・evidência obtida de forma ilegal
・違法性	・ilegalidade
・違法性阻却事由	・motivo para exclusão da ilegallidade
・医療刑務所	・Hospital de Detenção
・医療の終了	・término de tratamento médico
・因果関係	・causalidade ; "conditio sine qua non"
・因果関係の中断	・interrupção de causalidade
・インターネット異性紹介事業	・empreendimento de site de relaciona-mento

・引致	・levar o(a) suspeito(a) ou acusado(a) mediante ordem da autoridade ao estabelecimento ou instituto oficial
・隠匿する	・ocultar ; esconder
・貝面調書	・auto lavrado por oficial policial
・うそ発見器	・detector de mentiras ; polígrafo
・疑うに足りる相当な理由	・motivo compatível para suspeitar
・写し	・cópia ; transcrição
・うつ病	・depressão
・営利の目的	・intenção por lucro
・閲覧する	・consultar (livros) ; olhar ; examinar
・えん罪	・acusação falsa
・援用	・aplicação e vigência
・押印	・carimbar
・押収	・apreensão
・押収物	・artigo apreendido
・汚職	・corrupção
・おとり捜査	・investigação por um agente secreto ou operação isca
・恩赦	・anistia

【か　行】

・戒護	・manter a segurança e/ou ordem dentro da detenção
・改ざんする	・falsificar ; adulterar
・開示	・exibição ; revelação
・改悛の情	・arrependimento ; remorso
・外傷性	・ferimento exterior
・海上保安庁	・Agência de Segurança Marítima
・海上保安留置施設	・Estabelecimentos pertencentes à Agência de Segurança Marítima

・開廷	・abertura de corte ; abertura de uma audiência ; abertura da vara
・回答書	・resposta escrita
・外務省	・Ministério das Relações Exteriores
・科学警察研究所（科警研）	・Instituto de Pesquisa e Ciência da Polícia (Pesquisa Policial Ciêntífica)
・覚せい剤	・entorpecente
・覚せい剤中毒者	・viciado(a) em entorpecente
・確定	・definir-se ; estabelecer-se ; tornar-se firme
・確定判決	・julgamento irrevogável ; sentença definitiva
・科刑上一罪	・crime conexo (crime múltiplo considerado como único para efeito de sentenciamento)
・過失	・negligência
・過失犯	・crime culposo
・過剰避難	・evacuação excessiva
・過剰防衛	・defesa excessiva
・加重	・dupla condenação
・家庭裁判所（家裁）	・Tribunal de Família
・家庭裁判所調査官	・Oficial para Investigação do Tribunal de Família
・可罰的違法性	・ilegalidade punível
・仮釈放	・liberdade provisória
・仮納付	・pagamento provisório da multa
・仮放免	・absolvição provisória
・過料	・sanção pecuniária
・科料	・pena pecuniária
・簡易公判手続	・procedimento processual simplificado
・簡易裁判所（簡裁）	・Tribunal Sumário
・姦淫	・relação sexual fora de casamento

・管轄	・jurisdição ; alçada
・管轄違い	・falta de jurisdição ; incompetência jurisdicional
・間接事実	・fato mediato
・間接証拠	・prova mediata
・間接正犯	・autoria mediata
・監置	・custódia pela violação da ordem no tribunal
・鑑定	・exame pericial ; perícia
・鑑定証人	・testemunha pericial
・鑑定嘱託書	・solicitação escrita para perícia
・（鑑定その他）医療的観察	・observação médica (perícia e outros)
・鑑定手続実施決定	・decisão de executar procedimento para perícia
・鑑定入院命令	・ordem de internação hospitalar para perícia
・鑑定人	・perito ; jurisperito
・鑑定留置	・custódia para perícia
・観念的競合	・um ato ilícito compatível a mais que duas penas
・還付	・devolução de ítens apreendidos
・管理売春	・prostituição organizada
・期間	・período ; prazo ; termo
・棄却する	・rejeitar
・偽計	・dolo
・期日	・data ; prazo ; termo
・期日間整理手続	・procedimento processual organizado dentro do prazo
・期日間整理手続調書	・auto do procedimento processual e efetivo dentro do prazo
・既遂	・crime consumado
・偽造	・falsificação

・起訴事実	・ fato de acusação
・起訴状	・ acusação escrita
・起訴状の訂正	・ correção na acusação escrita
・起訴する	・ processar ; acusar
・起訴猶予	・ suspensão de acusação
・既判力	・ efeito de julgamento anterior
・忌避	・ exclusão de agente contra direito jurídico no processo, solicitada pela parte
・基本的人権	・ direito humano básico
・欺罔する（欺く）	・ enganar ; ludibriar ; engodar
・客体の錯誤	・ agente e/ou objetivo equivocado no ato ilícito
・却下する	・ rejeitar ; recusar
・求刑	・ petição contra aplicação da pena
・急迫の危険	・ perigo iminente
・急迫不正の侵害	・ agressão injusta e iminente
・恐喝する	・ extorquir
・凶器	・ arma ; equipamento para extorquir
・教唆する	・ encorajar ; incitar ; induzir
・供述	・ depoimento
・供述拒否権	・ direito de recusa para depor
・供述書	・ depoimento escrito pelo(a) próprio(a) acusado(a)
・供述調書	・ auto do depoimento lavrado por oficial através de inquérito com acusado(a), testemunha e outros.
・供述の任意性	・ voluntariedade no depoimento e/ou declaração
・強制送還	・ deportação
・強制捜査	・ investigação compulsória
・共同正犯	・ co-autoria ; co-delinquência

・共同被告人	・co-acusado(a)
・共同暴行	・agressão por vários agressores
・脅迫する	・intimidar ; ameaçar
・共犯	・cúmplice/comparsa
・共謀	・conspiração ; conjuração
・共謀共同正犯	・conivência ; conluio ; co-conspirador
・業務上過失	・negligência profissional
・業務上の注意義務	・obrigação de dar atenção ocupacional e/ou profissional
・挙証責任	・ônus da prova /"onus probandi"
・緊急逮捕	・detenção iminente sem mandado
・緊急避難	・evacuação iminente
・禁錮	・aprisionamento (sem trabalho forçado)
・禁制品	・objetos proibidos
・区	・distrito
・区検察庁（区検）	・Agência da Promotoria Distrital (APD)
・区分審理	・repartição de inquirição
・刑期	・período de aprisionamento
・警告	・advertência ; alerta
・警察署	・Delegacia de Polícia
・警察庁	・Agência Nacional da Polícia
・警察庁次長	・Vice Comissário Geral da Agência Nacional da Polícia
・警察庁長官	・Comissário Geral da Agência Nacional da Polícia
・警視	・Superintendente da Polícia
・警視監	・Supervisor Superintendente da Polícia
・刑事施設	・instituto e/ou estabelecimento tais como penitenciária, penitenciária juvenil e casa de detenção

・刑事収容施設	・instituto e/ou estabelecimento tais como penitenciária, penitenciária juvenil, casa de detenção, custódia e instituto e/ou estabelecimento de custódia pertencente à Agência de Segurança Marítima
・刑事処分	・disposição criminal ; medida criminal
・警視正	・Superintendente Senior da Polícia
・刑事責任	・culpabilidade criminal
・警視総監	・Superintendente Geral da Polícia
・刑事第1部	・Primeira Divisão Criminal
・警視庁	・Agência da Polícia Metropolitana
・警視長	・Chefe Superintendente Policial
・刑事未成年者	・um menor sob custódia criminal
・刑の量定に影響を及ぼす情状	・circunstância atenuantes da pena
・刑罰	・pena ; punição
・頚部	・pescoço ; cerviz ; cervical
・警部	・Inspetor(a) Policial
・警部補	・Inspetor(a) Policial Assistente
・刑務官	・Oficial da Casa de Detenção
・刑務所	・Penitenciária
・刑務所長	・Diretor(a) de Penitenciária
・結果回避義務	・obrigação de evitar pior resultado
・欠格事由	・falta de motivação e/ou qualificação
・結果的加重犯	・crime preterdoloso ; crime preterintencional
・結審する	・conclusão do processo
・決定	・decisão
・県	・província
・原因において自由な行為	・ato livre (voluntário) em relação ao fato
・厳格な証明	・prova irrefutável

・県警察本部	・Quartel General da Polícia Provincial
・現行犯	・delito em flagrante
・現行犯人逮捕手続書	・documento para proceder captura de autoria em flagrante
・原裁判所	・juízo de origem ; tribunal original
・検察官	・promotor(a) público(a)
・検察官請求証拠	・prova solicitada pelo(a) promotor(a) público(a)
・検察事務官	・Oficial Assistente da Promotoria
・検察審査員	・Comissário(a) do Comitê para Inquérito da Promotoria
・検察審査会	・Comitê de Inquérito pela Promotoria
・検視	・autópsia ; necrópsia
・検事	・Promotor(a) Público(a)
・検事正	・Promotor(a) Chefe Público(a) do Escritório da Promotoria Regional
・検事総長	・Presidente Promotor(a) Público(a) da Agência da Suprema Promotoria
・検事長	・Presidente Promotor(a) Público(a) da Agência da Promotoria Superior
・現住建造物	・construção habitada
・検証	・inspeção ; verificação
・検証調書	・auto da inspeção compulsória
・原審	・instância anterior ou original ; instância inferior
・原審弁護人	・defensor(a) na instância anterior, original ou inferior
・限定責任能力	・culpabilidade limitada
・原判決	・sentença julgada na primeira instância ou original
・憲法違反	・violação à Constituição
・原本	・documento original

・検面調書	・auto do depoimento lavrado pelo(a) promotor(a) público(a)
・権利保釈	・fiança mandatória
・牽連犯	・conexão de crimes ; crime acessório ; crime conexo
・故意	・intenção
・合意書面	・documento acordado
・勾引状	・edital de apresentação ; mandado de condução
・勾引する	・levar o agente com ordem da autoridade competente
・合議体	・colégio jurídico
・公共職業安定所（職安）	・Agência Pública de Segurança do Emprego (Segurança do Emprego)
・抗拒不能	・ser incapaz de resistir ; indefeso
・後見監督人	・supervisor(a) de tutela
・後見人	・tutela
・抗告	・agrovo contra tribunal superior ao tribunal atual, que sentenciou a decisão ou ordem.
・抗告裁判所	・Tribunal de Agravo, que trata da decição ou ordem, sentenciada ou ordenada por tribunal inferior a este tribunal.
・抗告の趣旨	・Intenção de agravo contra tribunal superior, a respeito da decisão ou ordem, sentenciada ou ordenada por tribunal inferior.
・抗告の取下げ	・rejeição do agravo contra tribunal superior, a respeito da decisão ou ordem, sentenciada ou ordenada por tribunal inferior.
・公使	・Ministro(a)
・強取する	・roubar
・公序良俗	・ordem e moral pública

・更新する	・atualizar ; prorrogar ; reformar ; renovar
・更生	・reabilitação
・更正決定	・decisão para regeneração ou reabilitação
・構成裁判官	・juiz(a) integrante de colégio jurídico
・構成要件	・elemento característico de crime
・厚生労働省	・Ministério da Saúde, Trabalho e Previdência Social
・厚生労働大臣	・Ministro(a) da Saúde, Trabalho e Previdência Social
・控訴	・agravo para segunda instância ; agravo de *Koso* para instância superior ; agravo contra o julgamento da primeira instância
・公訴	・ação penal pública
・公訴棄却	・rejeição de ação penal pública
・控訴棄却	・rejeição do agravo
・公訴権濫用	・abuso de poder de ação penal pública
・控訴裁判所	・tribunal da segunda instância ; tribunal de agravo de *Koso*
・公訴時効	・prescrição para ação penal pública
・公訴事実	・fato constituinte de ação penal pública
・控訴趣意書	・declaração escrita da base para agravo (*Koso*), declaração sumária da base para agravo (*Koso*)
・控訴審	・tribunal da segunda instância ; tribunal do agravo *Koso* ; processo no tribunal de agravo *Koso*
・公訴提起	・processamento de ação penal pública
・控訴提起期間	・prazo para processamento do agravo *Koso*
・控訴申立書	・solicitação escrita para agravo de *Koso*
・控訴理由	・base para agravo de *Koso*

・拘置所	・casa de detenção
・交通切符	・bilhete de transporte público
・交通事件原票	・registro policial de inflação de leis de trânsito
・交通反則金	・multa de trânsito
・口頭	・declaração verbal
・高等検察庁（高検）	・Agência da Promotoria Superior
・高等裁判所（高裁）	・Tribunal Superior
・高等裁判所長官	・Presidente de Tribunal Superior
・口頭弁論	・audiência
・公判期日	・data de audiência
・公判準備	・preparação para audiência
・公判調書	・auto de audiência
・公判廷	・sala da audiência
・公判手続	・procedimento de audiência
・公判前整理手続	・procedimento preparatório para audiência
・公判前整理手続期日	・prazo para procedimento preparatório para audiência
・公判前整理手続調書	・auto do procedimento preparatório para audiência
・交付送達	・ato de enviar-se e/ou entregar-se auto de processo às partes envolvidas por tribunal ; fornecer-se e/ou emitir-se dinheiro e/ou documento por instituto oficial, de acordo com procedimento
・公文書	・instrumento público
・公務員	・funcionário(a) público(a)
・拷問	・tortura
・公用文書	・documento para uso oficial
・勾留	・detenção de preso em instituto ou estabelecimento penal durante averiguação ou julgamento

・拘留	・ato de deter preso em casa de detenção
・勾留執行停止	・suspensão da execução da pena de detenção
・勾留状	・ordem de detenção
・勾留理由開示	・apresentação de motivo da detenção
・コカイン	・cocaína
・呼気アルコール濃度	・densidade de álcool na respiração
・語気を荒げて	・voz em tom alto
・国外犯	・crime cometido no exterior
・国際司法共助	・co-assistência jurídica internacional
・国籍	・nacionalidade
・国選被害者参加弁護士	・advogado(a) comissionado(a) por vítima, por conta do governo
・国選弁護人	・defensor(a) nomeado(a) por tribunal, por conta do governo
・告訴	・queixa
・告訴状	・petição de queixa crime
・告知する	・intimar
・告発	・denúncia
・告発状	・denúncia escrita
・戸籍抄本	・extrato parcial de registro familiar
・戸籍謄本	・transcrição inteira de registro familiar
・護送	・transporte de acusado(a) sob condição apreendida
・誤想防衛	・defesa equivocada
・国家公安委員会	・Comitê de Segurança Nacional
・誤判	・julgamento errôneo/nulo

【さ　行】

・罪刑法定主義	・Nullum crime nulla poena sine lege princípio de que não há crime sem prévia lei que o defina

・裁決	・decisão dada por instituto administrativo oficial perante solicitação ou outra solicitação para inquirição
・最高検察庁（最高検）	・Agência da Promotoria Suprema
・再抗告	・Recurso contra acordo de um agravo
・最高裁判所（最高裁）	・Supremo Tribunal
・最高裁判所長官	・Presidente do Supremo Tribunal
・最高裁判所判事	・Ministro(a)/Desembargador(a) do Supremo Tribunal
・最終弁論	・alegações finais / memoriais
・罪証隠滅のおそれ	・perigo de destruição ou ocultação de evidências
・罪状認否	・reconhecimento ou negativa de crime
・再審	・nova inquirição
・再審開始決定	・decisão para nova inquirição
・再審事由	・motivo para nova inquirição
・罪数	・quantidade da pena
・罪体	・artigo, objeto, material e/ou corpo cometido em crime
・在庁略式手続	・procedimento sumário executado com o(a) suspeito(a) detido(a) no interior de tribunal
・在廷証人	・testemunha presente ao tribunal
・再入国許可	・autorização para reentrada
・採尿手続	・procedimento para coleta de urina
・再犯	・reincidência criminal
・裁判	・julgamento
・裁判員	・*Saiban-in* (juiz(a) nomeado(a) de cidadania)
・裁判員候補者	・candidato(a) para *Saiban-in*
・裁判員等選任手続	・procedimento para nomear *Saiban-in* e outros
・再犯加重	・pena cumulativa pela reincidência

・裁判官	・juiz(a)
・裁判官の面前における供述	・depoimento perante ao(à) juiz(a)
・裁判権	・poder judiciário
・裁判所	・tribunal
・裁判所事務官	・oficial do tribunal
・裁判所書記官	・escrivão do tribunal
・裁判所速記官	・estenógrafo(a) do tribunal
・再反対尋問	・nova inquirição efetuada contraparte
・裁判長	・juiz(a) presidente
・裁判を受ける権利	・direito ao julgamento
・財物	・propriedade
・罪名	・nomem juris ; título do delito
・在留期間の更新許可	・autorização à renovação de prazo de visto de residência
・在留資格	・qualificação de visto de residência
・在留資格証明書	・certificado de qualificação de visto de residência
・裁量保釈	・fiança por arbítrio
・錯誤	・erro ; engano
・酒酔い・酒気帯び鑑識カード	・cartão inspetor de motorista embriagado
・差押え	・arresto
・差押調書	・auto do arresto
・差し戻す	・devolver ; mandar de volta
・査証（ビザ）	・visto
・査証相互免除	・dispensa mútua de visto
・参考人	・agente cooperador(a) à inquirição, solicitado(a) pelo(a) promotor(a) público(a) ou juiz(a), fora acusado(a), para fornecer informação e/ou dado
・資格外活動許可	・autorização para atividade excedente à condição autorizada

・自救行為	・auto socorro
・死刑	・pena de morte
・事件受理	・recebimento de ação
・時効	・prescrição
・事後審	・nova inquirição de sentença de primeira instância do tribunal à instância de tribunal superior
・自己に不利益な供述	・depoimento desfavorável a si próprio
・自己負罪拒否特権	・o privilégio de negar fato desfavorável a si prórprio
・自己矛盾の供述	・depoimento auto-contraditório
・事実誤認	・reconhecimento errado de fato
・事実審	・instância para inquirição ao nível jurídico e de fato
・事実の錯誤	・erro de fato
・事実の取調べをする	・inquirir-se fato
・自首	・auto-denúncia
・事前準備	・preparação preliminar
・私選弁護人	・defensor(a) por conta de acusado(a)
・刺創	・ferimento por perfuração
・死体検案書	・relatório de exame cadavérico
・辞退事由	・motivo de cancelamento
・示談書	・documento de acordo extra-judicial
・示談する	・resolver por acordo extra-judicial
・次長検事	・Vice Presidente de Promotor(a) Público(a) da Agência da Promotoria Suprema
・市町村	・município
・市町村長	・prefeito(a) municipal
・失火	・incêndio culposo
・実況見分調書	・auto da vistoria voluntária
・実刑	・a pena privativa de liberdade

・失血死	・morte por perda de sangue
・執行	・execução ; cumprimento
・実行行為	・ato de cometimento
・執行停止	・cessação de execução
・実行の着手	・início de ato
・執行猶予	・suspensão de execução
・質問票	・questionário formulado
・指定医療機関	・instituto credenciado médico e hospitalar
・指定侵入工具	・ferramenta listada para invasão
・指定通院医療機関	・instituto credenciado médico e hospitalar para tratamento diário
・指定入院医療機関	・instituto credenciado médico e hospitalar para internação
・刺突	・perfuração
・児童買春	・cliente da prostituição infântil
・自白	・confissão
・自費出国	・retorno ao país de origem por sua própria conta
・事物管轄	・competência material
・司法警察員	・Policial Oficial Judicial
・司法警察職員	・Funcionário(a) Policial Judicial
・司法巡査	・Policial Oficial Comunitária menos competente que Policial Oficial
・死亡診断書	・atestado de óbito
・始末書	・declaração escrita de desculpa ou satisfação
・氏名照会回答書	・resposta escrita para confirmar nome
・指紋照会回答書	・resposta escrita para confirmar impressão digital
・社会通念	・noção geral
・社会的相当行為	・ato compatível / aceitável

・社会に復帰することを促進する	・promover a reabilitação à sociedade
・社会復帰調整官	・Oficial Coordenador(a) de Reabilitação Social
・釈放	・liberação ; libertação
・釈明	・auto-justificativa
・酌量減軽	・extenuação
・写真撮影報告書	・relatório escrito de investigação por foto
・遮へい	・interrupção
・重過失	・negligência grave
・収容	・recolhimento
・住居	・domicílio
・就職禁止事由	・motivo de recusa ao emprego
・囚人	・prisioneiro(a)
・自由心証主義	・princípio da persuasão racional do juiz
・周旋する	・intermediar
・重大な事実の誤認	・reconhecimento do erro de fato grave
・（重大な）他害行為	・ato violento (grave) perante outros
・自由な証明	・prova sem restrição
・従犯	・cumplicidade
・主観的違法要素	・elemento ilegal subjetivo
・酒気帯び	・estar embriagado(a)
・主刑	・pena principal
・受刑者	・condenado(a) ; presidiário(a)
・主尋問	・interrogatório principal
・受訴裁判所	・tribunal responsável pelo processo
・受託裁判官	・juiz(a) responsável pelo processo
・出国命令	・ordem de embarque
・出頭	・comparecimento
・出頭命令	・ordem de comparecimento

・出入国記録	・registro de imigração
・主任弁護人	・defensor(a) principal
・主犯	・autoria principal
・主文（判決主文）	・teor principal (de sentença)
・受命裁判官	・juiz(a) consistuinte do colégio jurídico nomeado(a) por juiz(a) presidente
・主要事実	・fato principal
・準起訴手続	・procedimento preliminar de processo
・準抗告	・semi agravo independente perante julgamento
・巡査	・oficial policial
・巡査長	・senior oficial policial
・巡査部長	・sargento policial
・遵守事項	・ítens a serem observados
・照会	・referência
・傷害	・o ato de cometer ferimento, dano, lesão, etc
・召喚	・citação ; convocação ; intimação
・召喚状	・mandado de citação
・召喚する	・intimar
・情況（状況）証拠	・evidência da circunstância
・証言	・testemunha
・証拠	・prova ; evidência
・証拠開示	・exibição de prova
・上告	・agravo final ; agravo *Jokoku* (agravo para Supremo Tribunal)
・上告趣意書	・declaração escrita da base para agravo final ; declaração sumária para agravo
・上告審	・tribunal/instância do agravo final ; procedimento no Supremo Tribunal
・上告理由	・bases para agravo final
・証拠決定	・aprovação de prova e/ou evidência

・証拠書類	・prova e/ou evidência em documento
・証拠調べ	・avaliação de prova e/ou evidência
・証拠資料	・material de prova e/ou evidência
・証拠説明	・descrição de prova e/ou evidência
・証拠等関係カード	・cartão de prova e/ou evidência e outros
・証拠能力	・admissibilidade de prova e/ou evidência
・証拠の提示	・apresentação de prova e/ou evidência
・証拠の標目	・lista de prova e/ou evidência
・証拠排除	・exclusão de prova e/ou evidência
・証拠物	・prova e/ou evidência material
・証拠方法	・meio de prova e/ou evidência
・証拠保全	・preservação e depósito de prova e/ou evidência
・常習性	・característica viciosa
・常習犯	・reincidente
・情状	・circunstância
・情状酌量	・circunstância atenuante
・上申書	・declaração escrita para procedimento superior
・上訴	・agravo
・上訴権者	・agente apto para agravo
・上訴裁判所	・Tribunal Agravo Regimental
・上訴趣意書	・declaração escrita de agravo
・上訴提起期間	・prazo para apresentação de agravo
・上訴の取下げ	・anulação de agravo
・上訴の放棄	・renúncia de agravo
・焼損する	・queimar e/ou danificar
・証人	・testemunha
・証人尋問	・inquirição de testemunha

日本語	ポルトガル語
・証人尋問調書	・auto da inquirição de testemunha
・少年	・menor
・少年院	・Reformatório Juvenil
・少年刑務所	・Penitenciária Juvenil
・条文	・artigo
・小法廷	・sala pequena da audiência
・抄本	・extrato de documento original
・証明予定事実	・fato preparado e programado para provar em audiência
・証明力	・valor probatório da prova
・条約	・tratado ; convenção
・上陸拒否事由	・motivo de recusa para desembarque
・条例	・regulamento
・処遇事件	・caso em consideração de circunstância atenuante
・嘱託する	・comissionar ; contratar ; incumbir ; encarregar
・職務質問	・abordagem policial
・職務従事予定期間	・prazo programado para trabalho
・所持品検査	・inspeção de pertence pessoal
・書証	・prova em documento
・除斥	・decisão por juiz(a) de não executar serviço jurídico para efeito jurídico justo
・処断する	・tomar decisão
・職権	・poder da autoridade
・職権証拠調べ	・exame da prova executado pelo poder da autoridade
・職権調査	・investigação executada pelo poder da autoridade
・職権保釈	・liberação de fiança executada pelo poder da autoridade

・職権濫用	・abuso do poder da autoridade
・処罰条件	・condição de sanção
・初犯	・primeira ofensa ; primeira violação
・署名	・assinatura
・資力申告書	・declaração escrita de condição financeira
・信義則	・princípio da confidenciabilidade
・人権擁護局	・Secretaria de Proteção dos Direitos Humanos
・親告罪	・crime compatível pela denúncia
・審査補助員	・Assistente de Inquirição
・心証	・convencimento do juiz
・身上照会回答書	・resposta escrita sobre referência de dados pessoais
・心神耗弱	・semi-inimputabilidade
・心神喪失	・inimputabilidade
・審尋	・o ato de partes envolvidas em processo apresentarem e declararem-se a tribunal
・人身取引	・tráfico de pessoas
・真正な	・autêntico
・親族相盗	・furto e/ou roubo cometido entre familiares a ser descontado da pena
・身体検査	・exame médico
・身体検査令状	・ordem de exame de médico
・診断書	・atestado médico
・人定質問	・pergunta para confirmação de dados pessoais
・シンナー	・thinner
・審判	・inquirição e julgamento
・審判期日	・data de inquirição e julgamento
・審判調書	・auto da inquirição e julgamento

・尋問事項	・ítens para inquirição
・尋問する	・inquirir
・信用性	・confidencialidade
・信頼の原則	・princípio da confidencialidade
・審理不尽	・insuficiência da inquirição e investigação jurídica
・推定する	・presumir
・性格異常	・caráter anormal
・生活環境	・condições de vida
・税関	・alfândega
・請求による裁判員等の解任	・demissão de *Saiban-in* e outros através de petição
・正式裁判	・julgamento formal
・正式裁判請求	・petição de julgamento formal
・精神鑑定	・perícia psiquiátrica
・精神障害者	・deficiente mental
・精神障害を改善する	・melhorar deficiência mental
・精神病	・doença mental
・精神病質	・tendência patológica psiquiátrica
・精神保健観察	・observação de saúde mental
・精神保健参与員	・funcionário(a) profissional de saúde mental
・精神保健指定医	・médico(a) nomeado(a) para saúde mental
・精神保健審判員	・juiz(a) profissional de saúde mental
・精神保健判定医	・médico(a) juiz(a) de saúde mental
・精神保健福祉士	・profissional social de saúde mental
・正当業務行為	・ato compatível ao empreendimento ocupacional e/ou profissional
・正当防衛	・legítima defesa
・正犯	・autoria conhecida

・正本	・documento escrito original
・声紋	・sonograma
・政令	・decreto
・責任	・responsabilidade ou capacidade imputável
・責任軽減事由	・motivo para redução de capacidade imputável
・責任阻却事由	・motivo para exclusão de responsabilidade imputável
・責任能力	・responsabilidade ou capacidade imputável
・責任無能力者	・agente isento de responsabilidade inimputável
・責任要素	・elemento constituinte de responsabilidade imputável
・責問権の放棄	・renúncia do direito de inquirição
・是正命令	・ordem de correção
・接見	・visita a preso(a)
・接見禁止	・proibição de visita a preso(a)
・接見交通	・visita, acesso e/ou entrega de objeto a preso(a)
・窃取	・furto
・絶対的控訴理由	・base absoluta para agravo de *Koso*
・是非弁別	・capacidade de raciocínio
・前科	・crime antecedente
・前科調書	・auto do antecedentes criminais
・宣告する	・declarar
・宣誓	・juramento
・専属管轄	・jurisdição exclusiva
・選任決定	・nomeação e comissão definitiva
・選任予定裁判員	・*Saiban-in* a ser nomeado(a) e comissionado(a)

・訴因	・elemento descrito em instrumento de processamento, juridicamente construído conforme código penal
・訴因変更	・alteração de elemento descrito em instrumento de processamento, juridicamente construído conforme código penal
・訴因を明示する	・declarar elemento descrito em instrumento de processamento, juridicamente construído conforme código penal
・捜査	・averiguação ; investigação
・捜査機関	・agência investigadora
・捜査記録	・recorde de investigação
・捜索	・busca
・捜索差押許可状	・mandado de busca e apreensão
・捜索差押調書	・auto de busca e apreensão
・捜索状	・mandado de busca
・捜索調書	・auto de busca
・捜査照会回答書	・resposta sobre referência de investigação
・捜査状況報告書	・relatório escrito sobre andamento de investigação
・送達する	・enviar-se e entregar-se documento oficial por oficial do tribunal
・送致する	・enviar-se e entregar-se documento e/ou acusado(a), a partir de agência investigadora a outra agência oficial
・相当因果関係	・causalidade compatível
・相当な理由	・motivo compatível
・遡及処罰の禁止	・proibição da retroatividade
・即時抗告	・agravo contra decisão ou ordem com prazo limitado
・訴訟記録	・recorde do processo

・訴訟係属	・processo pendente
・訴訟行為	・ato do processo
・訴訟指揮	・condução do processo
・訴訟条件	・condição do processo
・訴訟手続	・procedimento do processo
・訴訟手続の法令違反	・violação da lei do procedimento do processo
・訴訟能力	・capacidade processual
・訴訟費用	・despesa processual
・速記	・estênografo(a)
・即決裁判手続	・procedimento do julgamento simplificado
・疎明	・presunção do juiz(a) baseada em ato de agente acusado(a)
・疎明資料	・documento e/ou evidência acompanhado em mandado de detenção
・損害賠償命令	・ordem de indenização

【た　行】

・第一審	・primeira instância
・退院	・alta de hospital
・退去強制令書	・ordem escrita da saída compulsória
・大使	・embaixador(a)
・大使館	・embaixada
・対質	・inquirição com comparecimento de acusado(a) e testemunha
・大赦	・anistia
・対象行為	・ato sujeito a processo
・対象事件	・causa sujeita a processo
・対象者	・agente sujeito a processo
・退廷しなさい	・"retire-se da sala do tribunal"

・退廷命令	・ordem da saída do tribunal
・逮捕	・detenção
・大法廷	・câmara conjunta
・逮捕状	・mandado de detenção
・大麻	・haxixe ; maconha
・大麻樹脂	・pasta-base de maconha
・大麻草	・erva da maconha
・代用監獄	・cadeia substituta
・代理権	・direito de representação
・立会い	・comparecimento ao processo
・弾劾証拠	・prova da impugnação
・嘆願書	・petição escrita
・単独犯	・autoria única
・知的障害	・inabilidade intelectual
・地方検察庁（地検）	・Agência da Promotoria Regional (Promotoria Regional)
・地方検察庁支部	・Subdelegação da Agência da Promotoria Regional
・地方公共団体	・entidade pública regional
・地方裁判所（地裁）	・Tribunal Regional (Tribunal Regional)
・地方裁判所支部	・Subtribunal Regional
・地方法務局	・Secretaria Regional Judicial
・注意義務	・obrigação de atenção
・中央更生保護審査会	・Comitê Central de Inquirição da Proteção e Reabilitação
・中止犯	・ato ilícito incompleto
・中止未遂	・tentativa
・懲役	・aprisionamento com trabalho forçado
・長期3年以上	・prazo superior a três anos
・調書	・ata ; auto

・調書判決	・julgamento sem auto da sentença
・直接証拠	・prova e/ou evidência direta
・陳述する	・declarar-se opinião e/ou ponto de vista
・追完する	・convalescer
・追起訴	・ato subsqüênte de processo
・追徴	・o ato de executar recolhimento de valor equivalente a todo ou uma parte de objeto consumido ou apreendido
・追徴保全	・garantir e assegurar execução de recolhimento de valor equivalente a todo ou uma parte de objeto consumido ou apreendido
・通院期間の延長	・prorrogação do prazo de tratamento médico hospitalar diário
・通常逮捕	・detenção normal
・通達	・intimação por instrumento
・通訳	・intérprete
・付添い	・o ato de acompanhar
・付添人	・acompanhante
・つきまとい	・stalking ; a perseguição patológica
・罪となるべき事実	・fato incompatível
・罪を犯したことを疑うに足りる充分な理由	・motivo incompatível para suspeitar cometimento de pena
・罪を行い終わってから間がない	・logo após o cometimento do ato ilícito
・連戻状	・mandado de retorno
・連れ戻す	・retornar
・ＤＮＡ鑑定	・perícia de DNA
・提出命令	・ordem de apresentação
・廷吏	・serventuário(a) de justiça
・撤回	・cancelamento ; anulação
・電子計算機	・calculadora eletrônica
・電磁的記録	・recorde eletromagnético

・伝聞供述	・depoimento baseado em comentário por terceira pessoa
・伝聞証拠	・depoimento realizado não através da contra-inquirição
・伝聞法則	・princípio do depoimento por terceira pessoa
・電話聴取書	・registro escrito da investigação por telefonema
・同意	・concordância
・道義的責任	・responsabilidade moral e ética
・統合失調症	・esquizofrenia
・同行状	・mandado de acompanhamento / condução
・同行する	・acompanhar-se
・当事者	・parte envolvida
・謄写する	・copiar ; transcrever
・盗聴	・censura auditiva
・答弁書	・resposta escrita
・謄本	・cópia ; transcrição
・特殊開錠用具	・equipamento especial para abertura
・特定侵入行為	・ato de invasão com equipamento e/ou ferramenta listada
・特に信用すべき情況(特信情況)	・circunstância especialmente confiável
・特別抗告	・agravo extraordinário contra decisão ou ordem
・特別弁護人	・defensor(a) nomeado(a) por Tribunal
・土地管轄	・jurisdição territorial
・都道府県公安委員会	・Comitê da Segurança Pública Metropolitana e Provincial
・取り消す	・cancelar ; anular
・取り下げる	・renunciar ; anular
・取り調べる	・investigar ; inquirir

・トルエン　　　　　　　　　　・tolueno

【な　行】

・内閣府　　　　　　　　　　・gabinete
・捺印　　　　　　　　　　　・carimbar
・二重の危険　　　　　　　　・risco duplo
・日本司法支援センター(法テラス)　・Centro de Apoio Jurídico do Japão
・入院　　　　　　　　　　　・internação hospitalar
・入院継続の確認　　　　　　・confirmação da continuidade da internação hospitalar
・入院によらない医療　　　　・tratamento hospitalar não através da internação hospitalar
・入院を継続する　　　　　　・continuar internação hospitalar
・入国　　　　　　　　　　　・desembarque ; entrada ; imigração
・入国管理局　　　　　　　　・Departamento da Imigração
・入国管理局出張所　　　　　・Sub-Posto do Departamento da Imigração
・入国管理センター　　　　　・Centro da Imigração
・入国者収容所　　　　　　　・Centro de Detenção da Imigração
・入国審査官　　　　　　　　・Oficial da Imigração
・入国手続　　　　　　　　　・procedimento de desembarque
・任意性　　　　　　　　　　・voluntariedade
・任意捜査　　　　　　　　　・investigação voluntária
・任意提出書　　　　　　　　・declaração escrita voluntária
・任意的弁護事件　　　　　　・ação da defesa voluntária
・任意同行　　　　　　　　　・comparecimento voluntário
・脳挫傷　　　　　　　　　　・contusão cerebral

【は　行】

・売春　　　　　　　　　　　・prostituição
・売春周旋　　　　　　　　　・aliciamento da prostituição

・陪席裁判官	・juiz(a) integrante do colégio jurídico exceto presidente juiz(a)
・破棄移送	・revogação e transferência da sentença
・破棄差戻し	・revogação e devolução da sentença
・破棄自判	・revogação do julgamento e sentenciamento do outro julgamento
・破棄する	・revogar
・破棄判決	・revogação do julgamento sentenciado na instância anterior
・罰金	・multa
・ハッシシ（ハッシシュ）	・hachiche
・罰条	・tipo penal
・犯意	・vontade penal
・判決	・julgamento ; sentença
・判決書	・instrumento da sentença
・判決に影響を及ぼすことが明らか	・influência aparente à sentença
・判決の宣告	・dispositivo da sentença
・判決理由	・base da sentença
・犯行	・ato ilícito
・犯罪	・pena ; violação ; ofensa
・犯罪行為を組成した物（犯罪組成物件）	・componente do ato ilícito
・犯罪事実	・fato penal
・犯罪収益	・enriquecimento ilícito / locuplemento ilícito
・判事	・juiz(a)
・判示する	・declarar-se sentença e interpretação jurídica por Tribunal
・判事補	・juiz(a) substituto(a)
・反証	・contraprova

・犯情	・história do crime cometido por acusado(a)
・反則金	・multa penal
・反対尋問	・contra inquirição
・判例	・precedente jurídico
・判例違反	・violação de precedente jurídico
・判例変更	・alteração de precedente jurídico
・犯歴	・histórico criminal
・被害者	・vítima
・被害者還付	・devolução de todas as rendas à vítima, obtidas pelo crime
・被害者参加人	・vítima participante de processo
・被害者参加弁護士	・advogado(a) participante solicitado(a) por vítima
・被害者特定事項	・ítens identificadores da vítima
・被害届	・boletim de occorência
・被疑者	・indiciado(a) ; suspeito(a)
・非供述証拠	・prova não decorrente do depoimento
・非行	・delinqüência
・被告事件	・processo da acusação
・被告人	・acusado(a)
・被告人の退廷	・saída do(a) acusado(a) de vara
・被収容者	・o agente recolhido
・非常上告	・agravo extraordinário para o tribunal da última apelação ; agavo extraordinário de *Jokoku*
・左陪席裁判官	・juiz(a) presente à esquerda
・ピッキング用具	・equipamento perfurante
・筆跡	・manuscrito
・必要的弁護事件	・ação indispensável de advogado(a)

・必要的保釈	・liberação por petição do agente compatível da liberação tais como : advogado(a), representante legal, assistente, familares etc
・ビデオリンク	・Inquirição "Video Link" de efetuar a inquirição de testemunha intimada fora da vara, através de equipamento auditivo
・秘匿決定	・decisão da proteção dos dados pessoais de vítima
・否認	・denegação ; negação
・評議	・assembléia
・評決	・decisão pela assembléia
・被略取者	・agente raptado
・不意打ち	・ataque surpresa
・附加刑	・pena adicionada
・不可抗力	・a força inevitável
・不可罰的事後行為	・pós-fato impunível
・不起訴処分	・decisão por promotor(a) de não promover ação
・副検事	・vice promotor(a) público(a)
・不告不理の原則	・princípio de crimes de ação pública incondicionada
・不作為犯	・ato criminal inato
・婦人補導院	・Instituto de Reabilitação Feminina
・不選任の決定	・decisão de não nomear
・物的証拠	・prova material
・不定期刑	・pena com prazo ilimitado
・不適格事由	・motivo incompatível
・不同意	・disacordo
・不当逮捕	・detenção incompatível
・不能犯	・agente penal incapaz
・不服申立て	・agravo

・部分判決	・sentença parcial
・不法在留	・residência ilegal
・不法残留	・permanência ilegal
・不法入国	・desembarque ilegal
・不法領得の意思	・intenção de aquisição ilegal
・不利益な事実の承認	・admissão de fato desfavorável
・不利益変更の禁止	・proibição da alteração do fato desfavorável
・併科する	・impor cumulativamente
・併合決定	・decisão de cumulação de pena
・併合罪	・pena cumulativa
・併合する	・o ato de cumulação de pena
・別件逮捕	・detenção dupla
・別の合議体による裁判所	・tribunal por outro colégio jurídico
・弁解録取書	・recorde e registro da auto-defesa
・弁護士	・advogado(a)
・弁護士会	・Associação de Advogados
・弁護人	・defensor(a) jurídico(a)
・弁護人依頼権	・direito de solicitação de defensor(a) jurídico(a)
・弁護人選任権	・direito de nomeação de defensor(a) jurídico(a)
・変造	・adulteração
・弁論	・audiência ; declaração verbal e/ou discussão
・弁論再開	・reabertura da audiência ou declaração verbal e/ou discussão
・弁論終結	・encerramento da audiência ou declaração verbal e/ou discussão
・弁論能力	・capacidade de declaração verbal e/ou discussão
・弁論分離	・separação da declaração verbal

・弁論併合	・cumulação da declaração verbal
・弁論要旨	・sumário da declaração verbal
・防衛の意思	・vontade de auto defesa
・包括一罪	・pena generalizada
・謀議	・conspiração
・防御権	・direito de auto defesa
・暴行	・agressão ; violência
・傍受	・captação da freqüência
・幇助する	・ajudar ; apoiar
・幇助犯	・pena do apoio à pena
・法人	・pessoa jurídica
・傍聴席	・assentos para ouvinte
・傍聴人	・ouvinte
・法廷	・vara ; sala de audiência
・法定刑	・pena legal
・法廷警察権	・poder policial na vara ou sala de audiência
・法定代理人	・representante legal
・法定手続の保障	・garantia do devido procedimento legal
・冒頭陳述	・alegação inicial
・法の不知	・ignorância da lei
・法の下の平等	・igualdade perante a lei
・方法の錯誤	・erro no modo
・法務局	・Departamento da Justiça
・法務省	・Ministério da Justiça
・法律	・Lei
・法律上の減軽	・atenuação da pena
・法律の錯誤	・erro na legalidade
・法律の適用	・aplicação da lei

・法律審	・terceira instância de tribunal que trata somente de questão das leis, sentenciada pela instância anterior
・暴力団	・grupo de bandidos ; yakuza
・法令	・legislação ; decreto
・法令適用の誤り	・erro na aplicação da legislação e/ou decreto
・保護観察	・liberdade vigiada
・保護観察官	・Oficial para Liberdade Vigiada Pós Aprisionamento
・保護観察所	・Instituto da Liberdade Vigiada Pós Aprisionamento
・保護司	・Oficial da Liberdade Vigiada
・保護者	・responsável por menor
・保護法益	・interesse e direito jurídico a ser protegido
・保護命令	・ordem da liberdade vigiada
・保佐監督人	・supervisor(a) responsável por agente semi-incapaz
・補佐人	・assistente ao(à) acusado(a) no tribunal
・保佐人	・responsável por semi-incapaz
・保釈	・liberação mediante fiança
・保釈取消し	・revogação da liberação mediante fiança
・保釈保証金	・fiança para liberação
・補充員	・funcionário(a) ou oficial suplente
・補充裁判員	・*Saiban-in* suplente
・補充書	・documento suplente
・補助監督人	・supervisor(a) assistente
・補助人	・assistente
・没取	・confisco
・没収する	・confiscar

・没収保全	・confisco, guarda e proteção de objeto confiscado
・ポリグラフ検査	・exame de polígrafo
・本籍	・domicílio atual registrado

【ま 行】

・麻薬	・entorpecente
・麻薬常習者	・viciado(a) em entorpecente
・マリファナ	・marijuana ; maconha
・右陪席裁判官	・juiz(a) presente à direita
・未決勾留	・detenção preventiva
・未遂	・tentativa penal
・未成年者	・menor
・密売者	・contrabandista
・密輸出	・exportação ilegal ; contrabando
・密輸入	・importação ilegal ; contrabando
・未必の故意	・vontade intencional
・身分犯	・crime de foro privilegiado
・無期懲役	・prisão perpétua
・無罪	・inocente ; absolvido(a)
・無罪の推定	・presunção de inocência
・無銭飲食	・crime famélico
・無断退去者	・agente que saiu sem autorização
・無賃乗車	・utilização do transporte sem efetuar pagamento da passagem
・無能力者	・incapaz
・酩酊	・estar embriagado(a)
・命令	・ordem

・免訴	・rejeção do agravo pela base ; rejeição do agravo pela base externa
・毛髪鑑定	・exame do cabelo
・黙秘権	・direito ao silêncio

【や　行】

・薬物犯罪収益	・enriquecimento ilícito pelo crime da droga
・やむを得ずにした行為	・ato inevitável
・誘引	・indução
・有期懲役	・aprisionamento com prazo limitado
・有罪	・pena condenatória
・宥恕	・perdão
・誘導尋問	・inquérito conduzido
・ゆすり	・extorção ; chantagem
・予見可能性	・previsibilidade
・余罪	・outro crime fora aquilo que está em inquirição ou processo
・予断排除	・exclusão da presunção
・予備	・atos preparatórios
・呼出状	・mandado da intimação
・呼び出す	・intimar
・予備的訴因	・elemento consituinte preliminar para processo

【ら　行】

・立証趣旨	・formulário da prova
・立証する	・aprovar
・立証責任	・ônus da prova "ônus probandi"
・略式手続	・procedimento sumário
・略式命令	・ordem sumária

・略取	・rapto
・留置施設	・estabelecimento de custódia
・理由のくいちがい	・discordância de razão e/ou motivo
・理由の不備	・falta de razão e/ou motivo
・理由を示さない不選任の請求	・petição para não nomear sem demonstrar motivo
・量刑	・condenação
・量刑不当	・condenação incompatível
・領事	・cônsul
・領事館	・consulado
・領収書	・recibo ; nota fiscal
・領置	・apreensão de objeto voluntáriamente apresentado
・領置調書	・auto da apreensão de objeto voluntáriamente apresentado
・両罰規定	・regulamento condenatório mútuo
・旅券（パスポート）	・passaporte
・輪姦	・estupro em grupo
・臨検	・vistoria
・臨床尋問	・inquirição efetuada no hospital com testemunha
・類推解釈	・interpretação e aplicação da lei em razão das partes
・累犯	・reincidência
・令状	・mandado de ordem
・連行する	・levar preso(a) e/ou suspeito(a) à Delegacia
・労役場留置	・detenção de acusado(a) sob trabalho compulsório
・録音	・gravação
・録取（する）	・registrar ; lavrar ; recordar

・論告	・alegação sobre aplicação da lei declarada por promotor(a) público(a)
・論告要旨	・sumário da alegação sobre aplicação da lei declarada pelo(a) promotor(a) público(a)

【わ 行】

・わいせつ	・ato obsceno
・わいろ	・corrupção ; suborno
・和解	・acordo e solução voluntária entre partes

第2章　法令名

【あ　行】

・あへん法	・Legislação do Ópio
・医師法	・Legislação de praticante da medicina
・意匠法	・Legislações e Normas Aplicadas ao Design
・印紙等模造取締法	・Legislação do Controle da Imitação de Selo etc
・印紙犯罪処罰法	・Legislação da Punição do Crime por Selo
・インターネット異性紹介事業を利用して児童を誘引する行為の規制等に関する法律	・Legislação da Regulamentação dos Atos Ilícitos pela Indução da Infância, através dos empreendimentos dos sites do namoro
・恩赦法	・Legislação da Anistia

【か　行】

・外国ニ於テ流通スル貨幣紙幣銀行券証券偽造変造及模造ニ関スル法律（外貨偽造法）	・Legislação da Falsificação, Adulteração e Imitação de Moeda, Nota e Título de Crédito no Exterior
・外国為替及び外国貿易法（外為法）	・Legislação da Moeda e Comércio Estrangeiro
・外国裁判所ノ嘱託ニ因ル共助法	・Legislação da Co-Assistência solicitada pelo Tribunal Extrangeiro
・外国人漁業の規制に関する法律	・Legislação do Controle sobre Pesca Estrangeira
・外国人登録法	・Legislação do Registro Estrangeiro
・海洋汚染等及び海上災害の防止に関する法律	・Legislação da Prevenção da Poluição e Acidente Marítimo
・海上交通安全法	・Legislação da Segurança no Transporte Marítimo
・海上衝突予防法	・Legislação da Prevenção de Acidente de Navio

- 火炎びんの使用等の処罰に関する法律
- Legislação da Punição sobre Uso da Coquetel Molotov

- 覚せい剤取締法
- Legislação do Controle de Entorpecente

- 貸金業法
- Legislação do Empréstimo Financeiro

- 火薬類取締法（火取法）
- Legislação do Controle da Pólvora

- 関税定率法
- Legislação da Pauta Aduaneira

- 関税法
- Legislação da Aduana

- 漁業法
- Legislação da Pesca

- 漁船法
- Legislação do Navio Pesqueiro

- 銀行法
- Legislação dos Bancos

- 金融商品取引法
- Legislação do Comércio dos Produtos Financeiros

- 警察官職務執行法（警職法）
- Legislação da Execução Profissional Policial

- 警察法
- Lei da Polícia

- 刑事確定訴訟記録法
- Legislação do Auto do Processo Penal Sentenciado

- 刑事収容施設及び被収容者等の処遇に関する法律
- Legislação do 1) Instituto e/ou Estabelecimento tais como Penitenciária, Penitenciária Juvenil, Casa de Detenção, Custódia e Instituto e/ou Estabelecimento de Custódia Pertencente à Agência de Segurança Marítima e 2) da Condição dos Recolhidos e outro

- 刑事訴訟規則（刑訴規則）
- Regulamento Processual Penal

- 刑事訴訟費用等に関する法律
- Legislação da Despesa e outro do Processo Penal

- 刑事訴訟法（刑訴法）
- Código Processual Penal

- 刑事補償法
- Legislação da Compensação Penal

- 競馬法
- Legislação da Corrida do Cavalo

- 軽犯罪法
- Legislação da Pena Leve

- 刑法
- Código Penal

・検察審査会法	・Legislação de Comitê do Inquérito sobre Promotoria
・検察庁法	・Legislação da Agência da Promotoria
・航空機の強取等の処罰に関する法律	・Legislação da Punição do Sequestro de Avião e outro
・航空の危険を生じさせる行為等の処罰に関する法律	・Legislação da Punição do Ato Provocante e outro para Perigo Naval
・更生保護事業法	・Legislação do Empreendimento para Reabilitação e Proteção
・更生保護法	・Lei do Empreendimento para Reabilitação e Proteção
・国際受刑者移送法	・Lei do Transporte de Preso Estrangeiro
・国際人権規約	・Tratados Internacionais sobre Direitos Humanos
・国際捜査共助等に関する法律	・Lei da Co-Assistência da Investigação Internacional e outro
・国際的な協力の下に規制薬物に係る不正行為を助長する行為等の防止を図るための麻薬及び向精神薬取締法等の特例等に関する法律（麻薬特例法）	・Lei dos Casos Excepcionais sobre Lei para controlar Maconha e Droga Psicoativa, sob Cooperação Internacional, com o Objetivo de prevenir atos e outros que provoquem os mesmos ilícitos relacionados às drogas, que são sujeitos a controle
・国籍法	・Lei da Nacionalidade
・戸籍法	・Lei do Registro Cívil

【さ 行】

・裁判員の参加する刑事裁判に関する法律	・Lei do Processo Penal com Participação de *Saiban-in*
・裁判員の参加する刑事裁判に関する規則	・Regulamento para Processo Penal com Participação de *Saiban-in*
・裁判所法	・Lei do Tribunal
・酒に酔って公衆に迷惑をかける行為の防止等に関する法律	・Lei da Prevenção e outro do Ato do Comportamento Anti-Social, devido ao Abuso de Bebida Alcoólica

・自転車競技法	・Lei da Corrida de Bicicleta
・自動車損害賠償保障法	・Lei da Indenização pelo Seguro Veicular
・自動車の保管場所の確保等に関する法律	・Lei para assegurar estacionamento de veículo e outro
・児童福祉法	・Lei da Previdência Social Infântil
・児童買春，児童ポルノに係る行為等の処罰及び児童の保護等に関する法律	・Lei da Punição dos atos relacionados à prostituição e pornografia infântil e da proteção infântil e outro
・銃砲刀剣類所持等取締法（銃刀法）	・Lei do Controle sobre Posse e outro da Arma de Fogo e Espada
・出資の受入れ，預り金及び金利等の取締りに関する法律	・Lei do Controle sobre Recebimento do Capital, Dinheiro Depositado e Juro e outro
・出入国管理及び難民認定法	・Lei do Controle da Imigração e da Autorização dos Refugiados
・少年法	・Lei do Adolescente
・商標法	・Lei da logomarca, gráfica, código, letra etc, para o uso comercial
・商法	・Código Comercial
・職業安定法	・Lei da Segurança do Emprego
・所得税法	・Lei do Imposto de Renda
・心神喪失等の状態で重大な他害行為を行った者の医療及び観察等に関する法律（心神喪失者等医療観察法）	・Lei sobre Tratamento Médico e Observação do agente cometedor do ato penal grave, no estado de inimputabilidade e outro (Lei da Observação Médica de agente inimputável e outro)
・人身保護法	・Lei da Proteção Penal da Liberdade Individual
・森林法	・Lei da Floresta
・ストーカー行為等の規制等に関する法律	・Lei do Controle do Ato de Stalker (ato de perseguição patológica) e outro
・精神保健及び精神障害者福祉に関する法律（精神保健法）	・Lei da Saúde Mental e Previdência Social de Doente Mental
・船員法	・Lei de Marinheiro

・船舶安全法	・Lei da Segurança Naval
・船舶職員及び小型船舶操縦者法	・Lei do Trabalhador Naval e Piloto de Navio Pequeno
・船舶法	・Lei de Navio
・組織的な犯罪の処罰及び犯罪収益の規制等に関する法律	・Lei da Punição do Crime Organizado e do Controle do Enriquecimento pelo Crime e outro

【た　行】

・大麻取締法	・Lei do Controle da Maconha
・著作権法	・Lei do Direito Autoral
・通貨及証券模造取締法	・Lei do Controle da Imitação de Moeda e Título de Crédito
・鉄道営業法	・Lei da Operação Ferroviária
・電気通信事業法	・Lei do Empreendimento da Comunicação Eletrônica
・電波法	・Lei da Freqüência Eletrônica
・盗犯等ノ防止及処分ニ関スル法律	・Lei sobre Prevenção e Punição de Furto e Roubo
・逃亡犯罪人引渡法	・Lei da Entrega de Criminoso(a) Fugido(a)
・道路運送車両法	・Lei do Veículo Transportador na Estrada
・道路交通法（道交法）	・Lei do Tráfego Rodoviário
・特殊開錠用具の所持の禁止等に関する法律	・Lei sobre Proibição e outro de Posse dos Equipamentos Especiais para Abertura
・特定商取引に関する法律	・Lei do Comércio Específico
・毒物及び劇物取締法（毒劇法）	・Lei do Controle da Substância Venenosa e Deletéria
・都道府県条例	・Regulamento Metropolitano e da Província

【な　行】

- 成田国際空港の安全確保に関する緊急措置法
- Lei e Medida Urgente sobre Segurança do Aeroporto Internacional de Narita

- 日本国憲法（憲法）
- A Constituição do Japão (A Constituição)

- 日本国とアメリカ合衆国との間の相互協力及び安全保障条約第6条に基づく施設及び区域並びに日本国における合衆国軍隊の地位に関する協定の実施に伴う刑事特別法（刑特法）
- Lei Especial Penal acompanahada à Execução do Acordo sobre cooperação mútua entre Japão e EUA, Disposição dos Estabelecimentos e Distrito Baseada em 6° Artigo do Tratado da Segurança e a Definição da Posição da Militar Americana Estacionada no Japão (Lei Especial Penal)

【は　行】

- 廃棄物その他の物の投棄による海洋汚染の防止に関する条約
- Tratado sobre Prevenção da Poluição Marítima decorrente de Entulho e outros

- 廃棄物の処理及び清掃に関する法律（廃棄物処理法）
- Lei sobre Processamento e Limpeza do Entulho (Lei do Processamento do Entulho)

- 配偶者からの暴力の防止及び被害者の保護に関する法律
- Lei da Prevenção e Proteção da Vítima pela Violência cometida por Cônjuge

- 売春防止法
- Lei da Prevenção da Prostituição

- 破壊活動防止法（破防法）
- Lei da Prevenção do Ato Destrutivo

- 爆発物取締罰則
- Regulamento Penal do Controle do Artigo Explosivo

- 罰金等臨時措置法
- Lei e Medida Provisória da Multa e outro

- 犯罪収益に係る保全手続等に関する規則
- Regulamento sobre Procedimento Seguro Relacionado à Renda Criminal

- 犯罪捜査のための通信傍受に関する法律
- Lei sobre Captação da Freqüência para Investigação do Crime

- 犯罪被害財産等による被害回復給付金の支給に関する法律
- Lei sobre Subsídio para Recuperação da Propriedade e outro Danificada pelo Crime

- 犯罪被害者等の権利利益の保護を図るための刑事手続に付随する措置に関する法律（犯罪被害者等保護法）
- Lei e Medida Anexada ao Procedimento Penal para Proteção do Direito e Interesse da Vítima do Crime e outro

- 被疑者補償規程
- Regulamento para Compensação do Acusado(a) e/ou Suspeito(a)

- 人の健康に係る公害犯罪の処罰に関する法律（公害罪法）
- Lei sobre Punição do Crime do Meio Ambiente Deletério à Saúde da Pessoa (Lei do Crime da Poluição)

- 風俗営業等の規制及び業務の適正化等に関する法律（風営法）
- Lei sobre Controle da Comercialização de Entretenimento e Diversão e Sua Compatibilização Operacional (Lei de Entretenimento)

- 武器等製造法
- Lei da Fabricação das Armas e outro

- 不正競争防止法
- Lei da Prevenção da Concorrência Incompatível

- 法廷等の秩序維持に関する法律
- Lei sobre Respeito à Ordem no Tribunal e outro

- 暴力行為等処罰ニ関スル法律
- Lei sobre Punição do Ato Violento e outro

【ま　行】

- 麻薬及び向精神薬取締法（麻取法）
- Lei sobre Controle da Maconha e Droga Psicoativa (Lei do Controle da Maconha)

- 民事訴訟法
- Código Processual Cível

- 民法
- Código Cível

- モーターボート競走法
- Lei da Corrida do Motor de Barco

【や　行】

- 薬物犯罪等に係る保全手続等に関する規則
- Regulamento sobre Procedimento Seguro relacionado aos Crimes das Drogas e outros

- 有線電気通信法
- Lei da Comunicação Eletrônica via cabo

・郵便切手類模造等取締法	・Lei do Controle da Imitação do Selo Postal e outro
・郵便法	・Lei da Correspondência

【ら　行】

・領海及び接続水域に関する法律	・Lei sobre Território Marítimo e Área Marítima Adjacente
・領事関係に関するウィーン条約	・Convenção de Viena sobre Relações Consulares
・旅券法	・Lei do Passaporte
・労働基準法	・Código Trabalhista

第3章　罪名

【あ　行】

- あへん煙吸食器具輸入（製造，販売，所持）罪
  - Crime da Importação (fabricação, venda e posse) do equipamento para fumar ópio
- あへん煙吸食罪
  - Crime de fumar ópio
- あへん煙吸食場所提供罪
  - Crime pela oferta do local para fumar ópio
- あへん煙等所持罪
  - Crime de Posse da Fumaça do Ópio e outro
- あへん煙輸入（製造，販売，所持）罪
  - Crime da Importação (fabricação, venda e posse) da Fumaça do Ópio
- あへん法違反（所持，譲渡，譲受，使用，輸入）
  - Violação da Lei do Ópio (Posse, Transferência, Recebimento, Uso e Importação)
- 遺棄罪
  - Crime de Abandono
- 遺棄等致死傷罪
  - Crime Contra à Vida
- 遺失物等横領罪
  - Crime da Usurpação do Obejto Perdido e outro
- 威力業務妨害罪
  - Crime da Interrupção Violenta e Opressiva contra Operação Comercial e/ou Profissional
- 営利目的等被略取者収受罪
  - Crime do Recebimento do Agente Sequestrado por Lucro
- 営利目的等略取（誘拐）罪
  - Crime do Rapto (Sequestro) por Lucro
- 延焼罪
  - Crime do Incêndio Estendido
- 往来危険罪
  - Crime do Perigo do Tráfego
- 往来危険による艦船転覆（沈没，破壊）罪
  - Crime da Capotagem Naval (afundamento e destruição) decorrente do Perigo do Tráfego Marítimo
- 往来危険による汽車転覆（破壊）罪
  - Crime da Capotagem Ferroviária (Destruição) decorrente do Perigo do Tráfego
- 往来妨害罪
  - Crime da Interrupção no Tráfego

・往来妨害致死傷罪	・Crime do Morte e Lesão Corporal pela Interrupção no Tráfego
・横領罪	・Crime da Usurpação

【か　行】

・外国国章損壊（除去，汚損）罪	・Crime da Destruição e Danificação (Eliminação e Danificação) da Emblema Estrangeira
・外国人登録法違反（登録不申請）	・Violação da Lei do Registro Estrangeiro (Ausência do Requerimento do Registro)
・外国通貨偽造罪	・Crime da Falsificação de Moeda Estrangeira
・覚せい剤取締法違反（所持，譲渡，譲受，使用，輸入）	・Violação da Lei do Controle de Entorpecente (Posse, Transferência, Recebimento, Uso e Importação)
・過失往来危険罪	・Crime de Perigo Culposo do Tráfego
・過失激発物破裂罪	・Crime da Explosão Culposa do Objeto Explosivo
・過失建造物等浸害罪	・Crime da Invasão Culposa na Construção e outro
・過失傷害罪	・Crime do Ferimento e Prejuízo Físico Culposo
・過失致死罪	・Crime do Morte Culposo
・加重逃走罪	・Crime da Fuga Dupla
・ガス漏出罪	・Crime do Vazamento de Gás
・ガス漏出等致死傷罪	・Crime do Morte e Lesão Corporal Culposa pelo Vazamento de Gás e outro
・監禁罪	・Crime de Cárcere Privado
・監禁致死傷罪	・Crime do Morte e Lesão Corporal Culposa pelo Cárcere Privado
・艦船往来危険罪	・Crime de Perigo do Tráfego Naval
・偽計業務妨害罪	・Crime da Interrupção Operacional e Profissional pela Conspiração
・危険運転致死傷罪	・Crime do Morte e Lesão Corporal Culposa pela Condução Veicular Perigosa

・汽車転覆罪	・Crime da Capotagem Ferroviária
・汽車転覆等致死罪	・Crime do Morte Culposo pela Capotagem Ferroviária e outro
・偽証罪	・Crime da Prova Falsa
・偽造外国通貨行使罪	・Crime da Utilização da Moeda Falsificada Estrangeira
・偽造公文書行使罪	・Crime da Utilização e/ou Execução do Documento Oficial Falsificado
・偽造私文書行使罪	・Crime da Utilização e/ou Execução do Documento Particular Falsificado
・偽造通貨行使罪	・Crime da Utilização e/ou Execução de Moeda Falsificada
・偽造通貨等収得罪	・Crime do Recebimento e Posse de Moeda Falsificada
・偽造有価証券行使罪	・Crime da Utilização e/ou Execução de Título de Crédito Falsificado
・器物損壊罪	・Crime da Destruição e Danificação dos Equipamentos e Objetos
・境界損壊罪	・Crime da Destruição e Danificação da Divisão Territorial
・恐喝罪	・Crime da Extorsão
・凶器準備集合（結集）罪	・Crime de Motim Armado
・強制執行妨害罪	・Crime da Interrupção da Execução Compulsória
・強制わいせつ罪	・Crime de Ato Obsceno pela Violência e/ou Extorsão
・強制わいせつ致死傷罪	・Crime do Morte e Lesão Corporal Culposa decorrente do Ato Obsceno com Violência e/ou Extorsão
・競売等妨害罪	・Crime da Interrupção de Leilão e outro
・脅迫罪	・Crime de Extorsão
・業務上横領罪	・Crime de Usurpação Profissional e/ou Ocupacional
・業務上過失往来危険罪	・Crime do Perigo Culposo Profissional e/ou Ocupacional do Tráfego

・業務上過失激発物破裂罪	・Crime da Explosão Culposa Profissional e Ocupacional do Objeto Explosivo
・業務上過失致死傷罪	・Crime do Morte e Lesão Corporal Culposa Profissional e/ou Ocupacional
・業務上失火罪	・Crime de Incêndio Culposo Profissional e/ou Ocupacional
・強要罪	・Crime contra Interesse e Direito do Indivíduo Protegido pelo Código Penal
・虚偽鑑定罪	・Crime de Falsa Perícia
・虚偽告訴罪	・Crime da Denúnciação Caluniosa
・虚偽診断書作成罪	・Crime da Formação do Atestado Médico Falso
・激発物破裂罪	・Crime de Explosão por Objeto Explosivo
・現住建造物等放火罪	・Crime de Incêndio Intencional na Construção Habitada e outro
・建造物侵入罪	・Crime de Invasão na Construção
・建造物損壊罪	・Crime da Destruição e Danificação da Construção
・建造物損壊致死傷罪	・Crime do Morte e Lesão Corporal pela Destruição e Danos de Construção
・建造物等以外放火罪	・Crime de Incêndio Intencional exceto na Construção e outro
・公印偽造罪	・Crime da Falsificação do Carimbo Oficial
・公印不正使用罪	・Crime da Utilização Ilegal do Carimbo Oficial
・強姦罪	・Crime de Estupro
・強姦致死傷罪	・Crime do Morte e Lesão Corporal pelo Estupro
・公記号偽造罪	・Crime da Falsificação do Símbolo e/ou Código Oficial
・公記号不正使用罪	・Crime da Utilização Ilegal do Símbolo e/ou Código Oficial

・公正証書原本等不実記載罪	・Crime da Descrição Falsa no Instrumento Oficial e Original e outro
・公然わいせつ罪	・Crime de Ato Obsceno em Público
・強盗強姦罪	・Crime de Estupro em Grupo
・強盗強姦致死罪	・Crime do Morte pelo Roubo e Estupro
・強盗罪	・Crime de Roubo
・強盗致死傷罪	・Crime do Morte e Lesão Corporal por Roubo
・強盗予備罪	・Crime da Preparação do Roubo
・公務員職権濫用罪	・Crime do Abuso do Poder Cometido por Funcionário(a) Público(a)
・公務執行妨害罪	・Crime da Interrupção da Execução Oficial
・公用文書毀棄罪	・Crime de Abandono do Instrumento Oficial
・昏酔強盗罪	・Crime de Roubo pelo Coma Alcoólico e/ou Anestésico

【さ　行】

・裁判員の参加する刑事裁判に関する法律違反	・Violação da Lei sobre Processo Penal com participação de *Saiban-in*
（裁判員等に対する請託（情報提供）罪）	(Crime da Solicitação e Comissão de *Saiban-in* (Oferta da Informação))
（裁判員等に対する威迫罪）	(Crime da Ameaça e Extorsão Contra *Saiban-in*)
（裁判員等による秘密漏示罪）	(Crime do Sigilo Profissional cometido por *Saiban-in* e outro)
（裁判員の氏名等漏示罪）	(Crime do Sigilo Profissional sobre Nome de *Saiban-in*)
（裁判員候補者による虚偽記載（陳述）罪）	(Crime da Descrição e Registro Falso (Alegação) por Candidato para *Saiban-in*)
・詐欺罪	・Crime de Dolo
・殺人罪	・Crime de Homicídio
・殺人予備罪	・Crime de Homicídio Preliminar
・私印偽造罪	・Crime de Falsificação do Carimbo Particular

・私印不正使用罪	・Crime de Utilização Ilegal do Carimbo Particular
・事後強盗罪	・Crime de Violência e/ou Ameaça Cometida Posterior ao Roubo
・自殺関与罪	・Crime de Instigação ao Suicídio
・死体遺棄罪	・Crime de Abandono de Cadáver
・死体損壊罪	・Crime da Destruição e/ou Danificação de Cadáver
・失火罪	・Crime de Incêndio Culposo
・自動車運転過失致死傷罪	・Crime do Morte e Lesão Corporal por Condução Veicular Culposa
・支払用カード電磁的記録不正作出罪	・Crime da Criação e Registro Ilegal do Cartão Eletrônico para Pagamento
・重過失致死傷罪	・Crime do Morte e Lesão Corporal Culposa por Negligência Grave
・住居侵入罪	・Crime da Invasão na Residência
・集団強姦罪	・Crime de Estupro em Grupo
・収得後知情行使（交付）罪	・Crime da Utilização e/ou Execução (Emissão) do Objeto Adquirido Posterior ao Saber Essa Falsidade
・銃砲刀剣類所持等取締法違反	・Violação da Lei sobre Controle de Posse da Arma de Fogo e Espada e outro
（けん銃実包譲渡）	（Transferência da Arma Carregada）
（けん銃実包所持）	（Posse da Arma Carregada）
（けん銃実包として輸入）	（Importação do Objeto como Arma Carregada）
（けん銃実包輸入）	（Importação da Arma Carregada）
（けん銃等加重所持）	（Posse Dupla da Arma e outro）
（けん銃等譲渡）	（Transferência da Arma e outro）
（けん銃等所持）	（Posse da Arma e outro）
（けん銃等として輸入）	（Importação do Objeto como Arma）
（けん銃等発射）	（Tiro de Arma e outro）
（けん銃等輸入）	（Importação da Arma e outro）
（けん銃部品として輸入）	（Importação do Objeto como Peça da Arma）

・出入国管理及び難民認定法違反	・Violação da Lei da Imigração e Autorização de Refugiado
（営利目的等不法入国等援助）	(Assistência à Desembarque Ilegal por Interesse Comercial e outro)
（寄港地上陸許可等の期間の経過）	(Extinção da Autorização Válida para Desembarque ao Aeroporto e/ou Porto)
（収受等の予備）	(Ato Preliminar para Recebimento e outro)
（集団密航者の収受等）	(Recebimento e outro Prelinimar do Grupo Desembarcador Ilegal)
（集団密航者を本邦に入らせ、又は上陸させる罪）	(Crime da Orientação e/ou Guia ao Grupo Desembarcador Ilegal, na Entrada e no Desembarque ao Território do Japão)
（集団密航者を本邦に向けて輸送し、又は本邦内において上陸の場所に向けて輸送する罪）	(Crime do Transporte do Grupo Desembarcador Ilegal ao Território do Japão ou do Transporte do mesmo de um local do Território do Japão ao Local de Desembarque)
（船舶等の準備及び提供）	(Preparação e Oferta do Navio e outro)
（不法在留）	(Residência Ilegal)
（不法残留）	(Permanência Ilegal)
（不法就労助長）	(Assistência ao Emprego Ilegal)
（不法上陸）	(Desembarque Ilegal)
（不法入国）	(Entrada Ilegal)
（不法入国者等蔵匿隠避）	(Apoio à Ocultação e Ocultação de Desembarcador Ilegal)
（旅券不携帯）	(Falta de Passaporte)
・準強制わいせつ罪	・Crime do Ato Semi Obsceno com Violência e Ameaça
・準強姦罪	・Crime de Semi Estupro
・準詐欺罪	・Crime de Semi Dolo
・傷害罪	・Crime de Ferimento Físico
・傷害致死罪	・Crime do Morte pelo Dano
・消火妨害罪	・Crime da Interrupção da Execução Oficial para Extinção de Incêndio

・証拠隠滅罪	・Ocultação e Destruição da Prova
・常習賭博罪	・Crime de Jogo de Azar Habitual
・常習累犯窃盗罪	・Crime de Reincidência de Furto e Roubo
・承諾殺人罪	・Crime de Homicídio Solicitado por Vítima
・証人等威迫罪	・Crime de Ameaça contra Testemunha
・私用文書毀棄罪	・Crime de Abandono e Danos ao Documento Parcitular
・嘱託殺人罪	・Crime de Homicídio Oferecido à Vítima pelo(a) Acusado(a)
・職務強要罪	・Crime da Violação do Direito do Indivíduo pelo Abuso do Poder
・所在国外移送目的略取罪	・Crime de Rapto para Transferência do Agente Envolvido para fora do País Percentente
・信書隠匿罪	・Crime de Apoio à Ocultação da Correspondência
・信書開封罪	・Crime da Abertura da Correspondência
・人身売買罪	・Crime de Tráfico de Pessoas
・信用毀損罪	・Crime de Prejuízo da Confidencialidade
・窃盗罪	・Crime de Furto
・騒乱罪	・Crime da Violação da Ordem Pública
・贈賄罪	・Crime de Suborno

【た　行】

・逮捕罪	・Crime da Detenção
・逮捕致死傷罪	・Crime do Morte e Lesão Corporal pela Detenção
・大麻取締法違反（所持，譲渡，譲受，使用，輸入）	・Violação do Controle da Maconha (Posse, Transferência, Recebimento, Uso e Importação)
・多衆不解散罪	・Crime de Violação da Ordem Pública pela Permanência ao Grupo Massivo
・談合罪	・Crime do Acordo Pré-Combinado

日本語	ポルトガル語
・通貨偽造罪	・Crime da Falsificação da Moeda
・通貨偽造等準備罪	・Crime da Falsificação Prelinimar e outro da Moeda
・電子計算機使用詐欺罪	・Crime de Dolo pelo Uso da Calculadora Eletrônica
・電子計算機損壊等業務妨害罪	・Crime da Interrupção da Execução Oficial pela Destruição e Prejuízo à Calculadora Eletrônica e outro
・電磁的記録不正作出罪	・Crime de Criação Ilegal de Gravação Eletromagnética
・電磁的公正証書原本不実記録罪	・Crime de Registro Falso do Instrumento Autêntico e Original Eletromagnético
・逃走援助罪	・Crime de Assistência à Fuga
・逃走罪	・Crime de Fuga
・盗品運搬（保管，有償譲受け，有償処分あっせん）罪	・Crime do Tranporte de Objeto Roubado (depósito, recebimento por pagamento, e intermediação da transferência pelo retorno financeiro)
・盗品無償譲受け罪	・Crime de Recebimento Gratuito de Objeto Roubado
・動物傷害罪	・Crime de Prejuízo ao Animal
・特別公務員職権濫用罪	・Crime do Abuso do Poder Cometido por Funcionário(a) Público(a) Especial
・特別公務員職権濫用等致死傷罪	・Crime do Morte e Lesão Corporal pelo Abuso do Poder executado por Funcionário(a) Público(a) Especial e outro
・特別公務員暴行陵虐罪	・Crime da Violência e Humilhação contra Funcionário(a) Público(a) Especial
・賭博罪	・Crime de Jogo de Azar
・賭博場開帳等図利罪	・Crime da Oferta do Local para Jogo de Azar e outro
・富くじ発売罪	・Crime da Venda da Lotérica

【は　行】

・売春防止法違反（勧誘，客待ち）	・Violação da Lei da Prevenção da Prostituição (indução e espera de cliente)
・背任罪	・Crime de Traição Profissional
・犯人隠避罪	・Crime de Apoio à Ocultação do Agente Criminal
・犯人蔵匿罪	・Crime da Ocultação do Agente Criminal
・非現住建造物等放火罪	・Crime de Incêndio Intencional na Construção não Habitada e outro
・被拘禁者奪取罪	・Crime de Rapto do Agente Semi Custodiado
・秘密漏示罪	・Crime de Sigilo Profissional
・被略取者引渡し（収受，輸送，蔵匿，隠避）罪	・Crime de Entrega do Agente Raptado (Recebimento, Transporte, Apoio à sua Ocultação e o ato de sua ocultação)
・封印等破棄罪	・Crime de Revogação e Prejuízo do confidencial fechado e carimbado e outro
・不実記録電磁的公正証書原本供用罪	・Crime de Co-Uso do Instrumento Original e Oficial por Gravação Falsa Eletromagnética
・侮辱罪	・Crime de Insulto
・不正作出電磁的記録供用罪	・Crime de Co-Uso de Gravação Ilegalmente Produzida pela Medida Eletromagnética
・不正電磁的記録カード所持罪	・Crime da Posse de Cartão de Gravação Ilegalmente Produzida pela Medida Magnética
・不退去罪	・Crime de Permanência Ilegal na Construção contra Ordem
・不動産侵奪罪	・Crime de Violação do Direito Proprietário
・放火予備罪	・Crime do Incêndio Intencional Preliminar
・暴行罪	・Crime de Violação

・保護責任者遺棄罪 ・Crime de Abandono Cometido por Responsável

・保護責任者遺棄致死傷罪 ・Crime Contra à Vida Cometido por Responsável

【ま　行】

・未成年者略取（誘拐）罪 ・Crime de Rapto (Sequestro) de Menor

・身の代金目的被略取者収受罪 ・Crime de Recebimento do Agente Raptado pelo Dinheiro de Resgate

・身の代金目的略取罪 ・Crime de Rapto pelo Dinheiro de Resgate

・身の代金目的略取等予備罪 ・Crime de Rapto Preliminar e outro pelo Dinheiro de Resgate

・身の代金要求罪 ・Crime de Pedido de Dinheiro de Resgate

・無印公文書偽造罪 ・Crime da Falsificação do Instrumento Oficial sem Carimbo

・無印私文書偽造罪 ・Crime da Falsificação do Instrumento Particular sem Carimbo

・名誉毀損罪 ・Crimes contra à Honra

【や　行】

・有印公文書偽造罪 ・Crime da Falsificação do Instrumento Oficial com Carimbo

・有印私文書偽造罪 ・Crime da Falsificação do Instrumento Particular com Carimbo

・有価証券偽造罪 ・Crime da Falsificação do Título de Crédito

【わ　行】

・わいせつ物所持罪 ・Crime da Posse do Artigo Obsceno

・わいせつ物頒布（販売，公然陳列）罪 ・Crime da Entrega do Artigo Obsceno (Venda e Exposição em Público)

資料

証拠等関係カードの略語表（19ページ参照）

略語	意味	略語	意味
1，2…	第1回公判，第2回公判……〔「期日」欄のみ〕	捜 押	捜索差押調書
準	準備手続	任	任意提出書
準1，準2…	第1回準備手続，第2回準備手続…	領	領置調書
※1，※2…	証拠等関係カード（続）「※」欄の番号1，2……の記載に続く	仮 還	仮還付請書
決 定	証拠調べをする旨の決定	還	還付請書
済	取調べ済み	害	被害届，被害てん末書，被害始末書，被害上申書
裁	裁判官に対する供述調書	追 害	追加被害届，追加被害てん末書，追加被害始末書，追加被害上申書
検	検察官に対する供述調書	答	答申書
検 取	検察官事務取扱検察事務官に対する供述調書	質	質取てん末書，質取始末書，質受始末書，質取上申書，質受上申書
事	検察事務官に対する供述調書	買	買受始末書，買受上申書
員	司法警察員に対する供述調書	始 末	始末書
巡	司法巡査に対する供述調書	害 確	被害品確認書，被害確認書
麻	麻薬取締官に対する供述調書	放 棄	所有権放棄書
大	大蔵事務官に対する質問てん末書	返 還	協議返還書
財	財務事務官に対する質問てん末書	上	上申書
郵	郵政監察官に対する供述調書	報	捜査報告書，捜査状況報告書，捜査復命書
海	海上保安官に対する供述調書	発 見	遺留品発見報告書，置去品発見報告書
弁 録	弁解録取書	現 認	犯罪事実現認報告書
逆 送	家庭裁判所の検察官に対する送致決定書	写 報	写真撮影報告書，現場写真撮影報告書
告 訴	告訴状	交 原	交通事件原票
告 調	告訴調書	交原（報）	交通事件原票中の捜査報告書部分
告 発	告発状，告発書	交原（供）	交通事件原票中の供述書部分
自 首	自首調書	検 調	検証調書
通 逮	通常逮捕手続書	実	実況見分調書
緊 逮	緊急逮捕手続書	捜 照	捜査関係事項照会回答書，捜査関係事項照会書，捜査関係事項回答書
現 逮	現行犯人逮捕手続書	免 照	運転免許等の有無に関する照会結果書，運転免許等の有無に関する照会回答書，運転免許調査結果報告書
捜	捜索調書	速 カ	速度違反認知カード
押	差押調書	選 権	選挙権の有無に関する照会回答書

診	診断書		嘆	嘆願書
治 照	交通事故受傷者の病状照会について，交通事故負傷者の治療状況照会，診療状況照会回答書，治療状況照会回答書		(謄)	謄本
検 視	検視調書		(抄)	抄本
死	死亡診断書，死体検案書		(検)	検察官
酒 カ	酒酔い酒気帯び鑑識カード		(検取)	検察官事務取扱検察事務官
鑑 嘱	鑑定嘱託書		(事)	検察事務官
鑑	鑑定書		(員)	司法警察員
電 話	電話聴取書，電話報告書		(巡)	司法巡査
身	身上照会回答書，身上調査照会書，身上調査票，身上調査回答		(大)	大蔵事務官
戸	戸籍謄本，戸籍抄本，戸籍（全部・一部・個人）事項証明書		(財)	財務事務官
戸 附	戸籍の附票の写し		(被)	被告人
登 記	不動産登記簿謄本，不動産登記簿抄本，登記（全部・一部）事項証明書			
商登記	商業登記簿謄本，商業登記簿抄本，登記（全部・一部）事項証明書			
指	指紋照会回答票，指紋照会書回答票，指紋照会書通知書，指紋照会回答書，指紋照会回答書			
現 指	現場指紋による被疑者確認回答書，現場指紋等確認報告書			
氏 照	氏名照会回答書，氏名照会票，氏名照会記録書			
前 科	前科調書，前科照会（回答）書，前科照会書回答			
前 歴	前歴照会（回答）書			
犯 歴	犯罪経歴回答書，犯罪経歴電話照会回答書			
外 調	外国人登録（出入国）記録調査書			
判	判決書謄本，判決書抄本，調書判決謄本，調書判決抄本			
決	決定書謄本，決定書抄本			
略	略式命令謄本，略式命令抄本			
示	示談書，和解書			
受	受領書，受領証，領収書，領収証，受取書，受取証			
現 受	現金書留受領証，現金書留引受証			
振 受	振込金兼手数料受領書，振込金受領書			
寄 附	贖罪寄附を受けたことの証明			

第一審手続概要

起訴

公判準備

├ 起訴状謄本の送達
├ 弁護人選任照会（通訳言語照会）
│   ↓ （通訳人予定者への打診）
├ 起訴状概要の翻訳・送付
└ 国選弁護人の選任

公判前整理手続（非公開）は，裁判員裁判対象事件では必ず行われるが，それ以外の通常の事件でも行われる場合がある。

公判前整理手続

├ 証明予定事実記載書面の提出（検察官）
├ 証拠調べの請求
│   ↓
├ 証明予定事実等の明示（弁護人，被告人）
├ 証拠調べの請求に関する意見
├ 証拠調べの請求
│   ↓
├ 争点及び証拠の整理（証拠決定等）
└ 審理計画の策定

裁判員等選任手続 ← 裁判員裁判対象事件のみ（非公開）

公判手続

冒頭手続

├ （公判前整理手続において通訳人が選任されていない場合）
├ 通訳人の人定尋問と宣誓
│   ↓
├ 被告人の人定質問
│   ↓
├ 検察官の起訴状朗読
│   ↓
├ 被告人に対する黙秘権等の告知
│   ↓
└ 被告人及び弁護人による被告事件に対する陳述

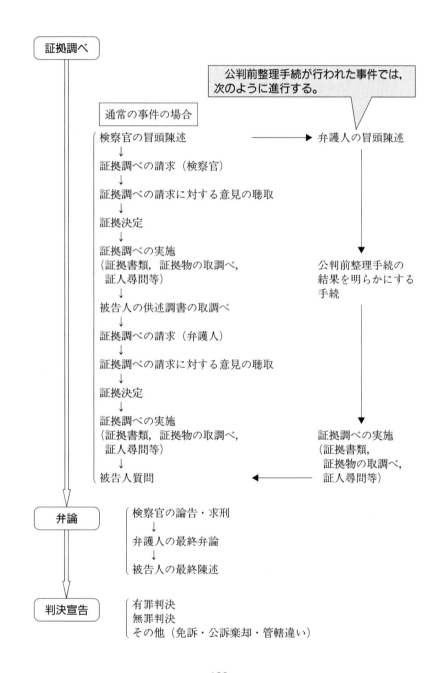

証拠調べ

公判前整理手続が行われた事件では，次のように進行する。

通常の事件の場合

検察官の冒頭陳述 → 弁護人の冒頭陳述
↓
証拠調べの請求（検察官）
↓
証拠調べの請求に対する意見の聴取
↓
証拠決定
↓
証拠調べの実施
（証拠書類，証拠物の取調べ，
　証人尋問等）
↓
被告人の供述調書の取調べ
↓
証拠調べの請求（弁護人）
↓
証拠調べの請求に対する意見の聴取
↓
証拠決定
↓
証拠調べの実施
（証拠書類，証拠物の取調べ，
　証人尋問等）
↓
被告人質問

公判前整理手続の
結果を明らかにする
手続

証拠調べの実施
（証拠書類，
　証拠物の取調べ，
　証人尋問等）

弁論
検察官の論告・求刑
↓
弁護人の最終弁論
↓
被告人の最終陳述

判決宣告
有罪判決
無罪判決
その他（免訴・公訴棄却・管轄違い）

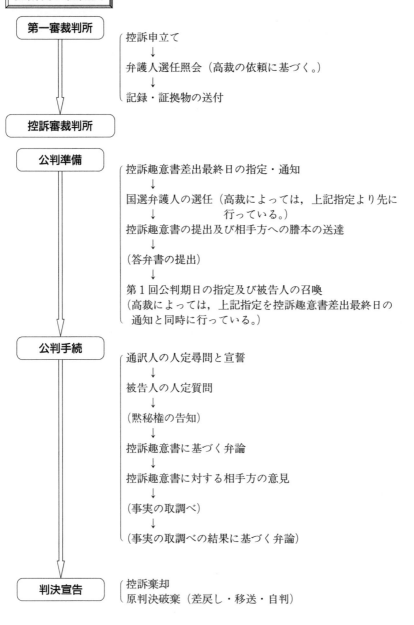

控訴審手続概要

第一審裁判所
控訴申立て
↓
弁護人選任照会（高裁の依頼に基づく。）
↓
記録・証拠物の送付

控訴審裁判所

公判準備
控訴趣意書差出最終日の指定・通知
↓
国選弁護人の選任（高裁によっては，上記指定より先に
　　　　　　　　　　行っている。）
控訴趣意書の提出及び相手方への謄本の送達
↓
（答弁書の提出）
↓
第１回公判期日の指定及び被告人の召喚
（高裁によっては，上記指定を控訴趣意書差出最終日の
　通知と同時に行っている。）

公判手続
通訳人の人定尋問と宣誓
↓
被告人の人定質問
↓
（黙秘権の告知）
↓
控訴趣意書に基づく弁論
↓
控訴趣意書に対する相手方の意見
↓
（事実の取調べ）
↓
（事実の取調べの結果に基づく弁論）

判決宣告
控訴棄却
原判決破棄（差戻し・移送・自判）

法廷通訳ハンドブック　実践編
【ポルトガル語】（改訂版）　　　　　　　書籍番号　31-16

平成13年 3 月30日　　第 1 版第 1 刷発行
平成23年 4 月30日　　改訂版第 1 刷発行
令和元年11月20日　　改訂版第 2 刷発行

　　　　　　　　監　　修　　最高裁判所事務総局刑事局

　　　　　　　　発 行 人　　門　　田　　友　　昌

　　発 行 所　　一般財団法人　法　　曹　　会

　　　　　　〒100−0013　東京都千代田区霞が関1-1-1
　　　　　　　　振替口座　　00120−0−15670
　　　　　　　　電　　話　　03 − 3581 − 2146
　　　　　　　　http://www.hosokai.or.jp/

落丁・乱丁はお取替えいたします。　　　　印刷製本／㈱プライムステーション

ISBN 978-4-86684-035-2